東日本大震災を教訓とした
新たな共助社会の創造

～国が4日目からの公助を保証すれば共助は機能する～

三 舩 康 道

KSS 近代消防新書 

近代消防社 刊

はじめに

共助の指針を求めて

災害時には「自助、共助、公助」の対応があることは概ね周知されています。

そして、大震災時には自治体の防災機関も被災する可能性があり、そのため、「公助」はすぐには期待できず、「自助」と「共助」が必要であるとされています。

その中でも3日間は自立できるように備蓄する「自助」も国民に啓蒙されてきました。そして「公助」としての自衛隊や消防による救急・救助活動は、毎年行われる防災訓練でも周知され充実されてきました。

一方で、「共助」については、共に助け合うというイメージがあり、困った時は物資を提供する等お互いに助け合うという認識で、わかりやすく実行しやすいと思われています。

しかし、東日本大震災では、共に助け合うというイメージどおりにはいかず、地域からの支援がなかなか得られなかった避難所がありました。

気になったのでヒアリングを重ねてみると、地元からの共助が行われず、3日間何も食べなかった、毛布も無く冷たいコンクリートの教室で過ごした等厳しい返事が返ってきました。

これまで抱いていた共助のイメージとは異なる内容を聞き、「共助」が地域社会に息づくための指針の必要性を感じました。

そのような問題意識から、共助の指針を探るべく、東日本大震災から3年経過した時点でヒアリングを実施し、被災者に避難生活を思いだしていただき考えてみることにしました。

共助の持つ意味

震災の中でも津波の場合は、生き延びるためにとる物もとりあえず避難することが求められます。そのため、何も持たずに避難し、帰ってみると家は跡形もなく全て流されてしまい、これまで蓄えてきた備蓄も無くなり、当面の「自助」は期待できない状況になりました。

津波に流された後には「自助無き世界」が待っていたわけです。

そのため「共助」と「公助」に頼らざるを得ない状況になりました。

しかし、多くの避難所に備蓄が無かったように「公助」の備えは無いところが多い状況でした。そのため、訪れた先々で3日間食事がとれなかった、また、雪が降ってくる中で毛布も無く冷たいコンクリートの床の教室で過ごしたという声が聞かれました。

結局のところ、「公助」としては、自衛隊が来るまでは何もなかった、という声が随所で聞かれました。

また、避難所以外の実家や親戚の家に避難した方々には、なかなか「公助」の手が差し伸べられませんでした。大丈夫と思われたのでしょう。

このような状況を救うのはコミュニティの「共助」しかありません。

新聞やＴＶでは避難者間での助け合いが報道され、そして、苦難な時にあっても騒がず混乱を起こさない東北人の忍耐強さと謙虚さが海外メディアからも賞賛されたように、地域間で助け合って避難生活をしているというイメージが膨らんでいました。

そして、東北の方々の優しさから、お互いに助け合い避難生活を送られてきたと思われている方々が多いと思われます。

しかし、ヒアリングを重ねて行くうちに、これは幻想だったと思うようになりました。

訪れた先々で「共助」が成り立たなかったお話を聞かされたからです。

食糧の提供も無かった、毛布をいただけなかった、小さな孫をお風呂に入れたかったが断られた等、被災していない方々からの共助が無かったというお話を伺いました。

そのため、「共助」について認識を改める必要がある、我が国の震災対策を考える上で、「共助」をどのように捉えるかが大きな課題であると認識するようになりました。

3年後のヒアリングとグループヒアリング

新たな「共助」を探ろうと、被災者に「共助」をテーマにヒアリングを実施し、実態を改めて見直し、「共助」の指針を探ることにしました。

東日本大震災から3年経過した2014年の3月から4月にかけて、岩手県では宮古市と大船渡市、宮城県では気仙沼市の応急仮設住宅（以後、章と節のタイトル以外は、仮設住宅とします。）を訪問しました。そして、皆さんの体験と忌憚のない意見をお伺いしました。

今回のヒアリングの特徴の第一は、3年後に実施したことです。これまでの被災者へのヒアリングのほとんどが被災直後のものです。しかし、3年経過した今だから話せるというようなこともありました。3年経過して精神的に落ち着いたことと、新たに直面する問題があり、3年後のヒアリングには意味があったと思います。

そして特徴の第二は、グループヒアリングの実施です。これまでは、基本的には被災者個人個人へのヒアリングが行われてきました。しかし、今回は、個別ヒアリングに加えて、新たにグループ単位のヒアリングを実施したのが特徴です。そこでは、数人の語らいの中で共感的なことをいろいろ聞かせていただきました。数人いたから話せたこともあり、またその響きあったところは、被災者が重要と思い、話しておきたいと思ったことです。

今回ご協力いただいた方々は3つのグループを含め30人弱ですが、ここで取り上げているのは18人です。貴重な体験談を後世に伝えるべく全て掲載したかったのですが、紙面の都合もあり、短いもの等は割愛させていただきました。

ヒアリングをしたそれぞれの方々は、Aさん、Bさん、Cさん……と出てきます。グループと個人で同じアルファベットの方がいますが、同じアルファベットの方は同じ方です。

グループで話し合ったことと個人で話し合ったことは別の内容もあり、個人で話したことにもいろいろ学ぶべき点が多くありました。

そして、本書では、共助が成り立たなかった地区ばかりではなく、共助がうまく機能した地区も取り上げています。そのため、共助を考える上で参考になります。

このようなヒアリングは初めての経験で一様に出来たわけでもありませんが、今までの震災の記録には無かったヒアリングが出来たと思います。そのような意味からも意義のあるヒアリングだったと思います。ご一読していただけると幸いです。

目次

第1章　グループヒアリング

1　地元からの「共助」はなかなか無い！
～3日間は飲まず食わず、しかし隣の避難所ではデザートも～

最初は宮城県気仙沼市の仮設住宅におけるヒアリングを紹介させていただきます。気仙沼市のヒアリングは、2014年4月21日(月)に行いました。気仙沼市でヒアリングした方々は、気仙沼第二中学校の仮設住宅に入居していた5人の方々です。現在、同じ仮設住宅に入居していますが、仮設住宅入居前の避難生活はそれぞれ異なるものでした。

Aさんは40歳代の女性で自宅が流され母の実家に避難しました。Bさんは60歳代の女性で自宅が全壊となり市民会館に避難しました。市民会館は気仙沼市でもモデル的な避難所で、マスコミの取材もあったため食事と物資の支援は豊富な状況でした。Cさんは50歳代の女性で自宅は全壊し加えて火災による焼失で気仙沼中学校に避難しました。Dさんは70歳代の女性で自宅が被災して親戚の家を転々として気仙沼高校へ避難しました。Eさんは60歳代の男性で自宅が流され南気仙沼小学校に避難し、翌日は総合体育館に避難しました。そして、その後、仮設住宅に入居しました。今回のヒアリングでは奥様も同席しました。

今回はそれぞれの避難した場所について1人ずつ話していただき、それを共有し5人で話し合いました。今回のヒアリングに協力をいただいた方々は次のとおりです。

Aさん…40歳代の女性、被災後母の実家で避難生活。
Bさん…60歳代の女性、モデル的な市民会館で避難生活。
Cさん…50歳代の女性、気仙沼中学校で避難生活。
Dさん…70歳代の女性、親戚の家を転々とし気仙沼高校で避難生活。
Eさん…60歳代の男性、小学校に避難した後、総合体育館で避難生活。

ここで、1人ずつ話した部分は個別ヒアリングに収録し、一緒に話し合った内容を報告します。

ヒアリングに協力頂いた方々

三舩　今日はいろいろお聞かせいただき、ありがとうございました。これからはそれを踏まえて皆さんで話し合いたいと思います。最初に皆さんのそれぞれの感想をお伺いしたいと思います。最初にAさんから一言ずつ。

Aさん　うちは身内にも恵まれていい生活をしました。母の実家は農家で、備蓄もあり食べ物には困らず布団もありました。暖房も電気ストーブじゃない火をつける昔のストーブがあり、私は妊婦で「風邪を引くなよ」と気をつかっていただいて、本当に良くしていただいてもらったなあと改めて思いました。

三舩　次は、気仙沼で最も恵まれた避難生活を送ったBさん。

Bさん　前からうすうすは自分が避難した市民会館は良かった避難所とは聞いていましたが、今日、皆さんのお話を聞いて改めてそう思いました。他の場所に避難された方々は食べ物に不自由されたそうで、そのため申し訳なくて今までは話してきませんでした。でも今日は初めて言いました。

ヒアリングをした気仙沼の仮設住宅の集会所

Cさんのような食べ物に不自由したお話を聞いて、申し訳なかったなと思っていました。だけど、その時点ではCさんには言い出せませんでした。毛布も多少備蓄があって、2日目からはおにぎりが来ました。

三船　市民会館はNHKさんが取材するなどモデル的な中央の避難所でした。避難者は何人ぐらいいたんですか。

Bさん　避難所には500人ぐらいの人がいました。

三船　そんなにいたんですか。それで皆さん太ったんですか。

Bさん　本当に皆太りました。別人のように丸々と、お腹は出るし、三食昼寝付きでやることもないし。ええ、本当におやつもあって。いちごも一人1パックずついただきました。家族で1パックではなく1人1パックで。

人情というのはどこに…

三船　次にCさんはいかがですか

Cさん　私達が避難した中学校では、数日間は毛布も無く寒くて、飲料水も食事も無い状況でした。被災の翌日は晴れたので被災していない方々が毛布を干していました。そこへ皆で行ってこの毛布をいただけませんかとお願いしたが断られました。

手のひらを返したようでした。そして、次はトイレを貸して欲しいと言われると思ったのか戸を閉められました。

自衛隊さんが4～5日ぐらいして来てくれて、食事と毛布が良くなりました。

避難したのが市民会館の隣の中学校だったので市民会館の状況は聞いていたんです。お隣だから子供が遊びに行くと、「お母さん、あっちではおやつが出たんだって」と言ってました。

でも、私達は健康的に、規則正しく中学校の避難所で過ごせたのかなと思いました。そして、娘なんかは、引きこもりのお友達を最

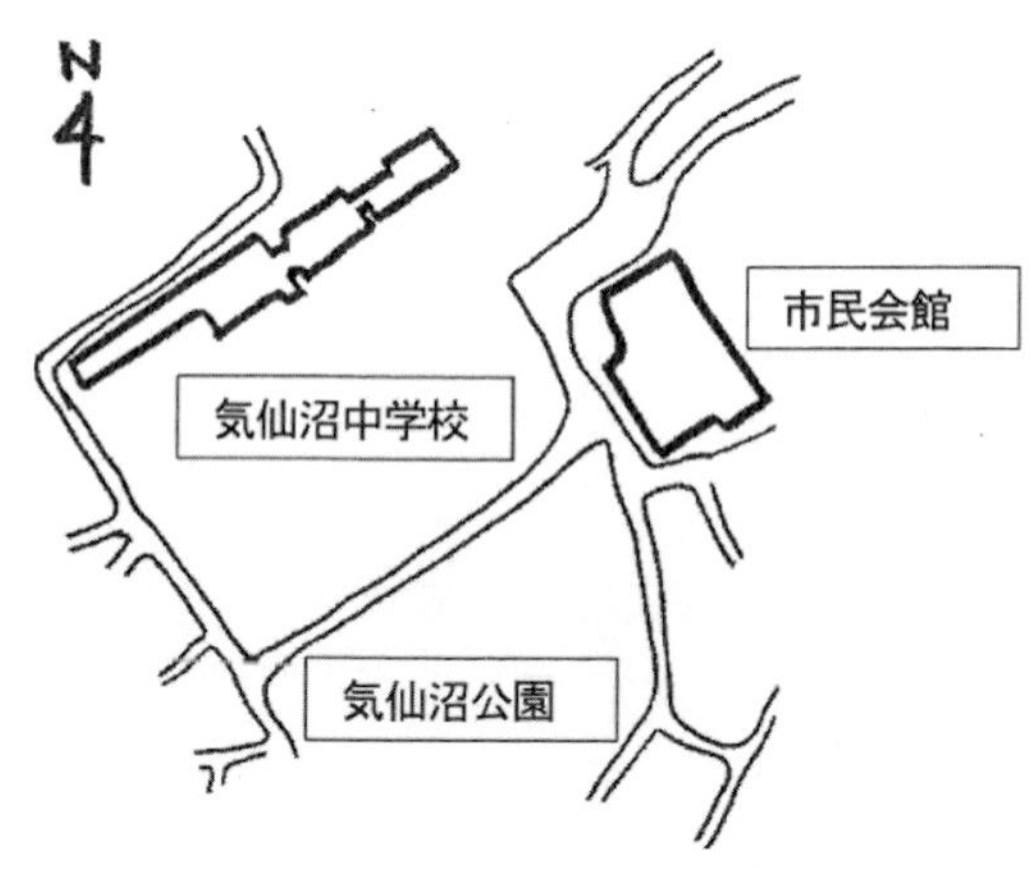

気仙沼市民会館と気仙沼中学校の２つの避難所は道路を挟んだ隣同士であった。

初の時点で連れてきていれば、彼女の引きこもりは治ったんじゃないかと言ってました。
朝6時にみんなでお掃除から始まる。規則正しい共同生活をしていましたので。

三船　それでは次にDさんはいかがでした。

Dさん　皆さん同じ気仙沼市民ですが、同じ災害を受けても、状況というものはずいぶん違うと思いました。避難所生活で一番感じたのは「人情というのはどこに行ったの」と、そういうことですね。

三船　被災した人同士ならしょうがないけど、地元の被災していない人達に支援を断られたのが一番厳しかったというお話でしたね。

Dさん　そうですね。最初は、親戚の家に居たんです。それで、避難所に火が来ると聞いた時はびっくりしました。ここまで来たらどうなるのっていう感じで。
それで、いつまでも甘えているわけにはいかないので、出ようと思って親戚の家を出たんですけど、小さな孫を連れて出るというのはとてもつらかったですね。

家を見に行ったら

三船　自宅を見に行ったのはいつですか。

Dさん　1か月近くになって、やっと見に行きました。2階まで被災した状況を見て、全部、家具も何もかもメチャクチャでした。近所の大丈夫だったという家の方に「長く来れなくてすみませんでした、息子と夫が避難所でお世話になっていますので、お世話様でした」と避難所で挨拶したら「なに言ってんの、うちは全部流されてしまって」と言われました。そして「商売用の船がやられちゃったからいいことない」ということで、大きな声を出されて。その後、すぐに家を見に行ったんですね。

三舩　他の方はすぐに自宅を見に言ったようですが、Cさんはちょっと違うんですね。

Cさん　家を見に行けなかったのはつらかったです。行ったら、なんと言ったらいいんですか、アコーディオンみたいに流れた物が丘の際に集まった塊があって、行っても跡が無いのがつらかったです。

その塊の中にどなたかの遺体があるだろうな、そして、そこに父の遺体もあるんだろうなと思いました。消防署の

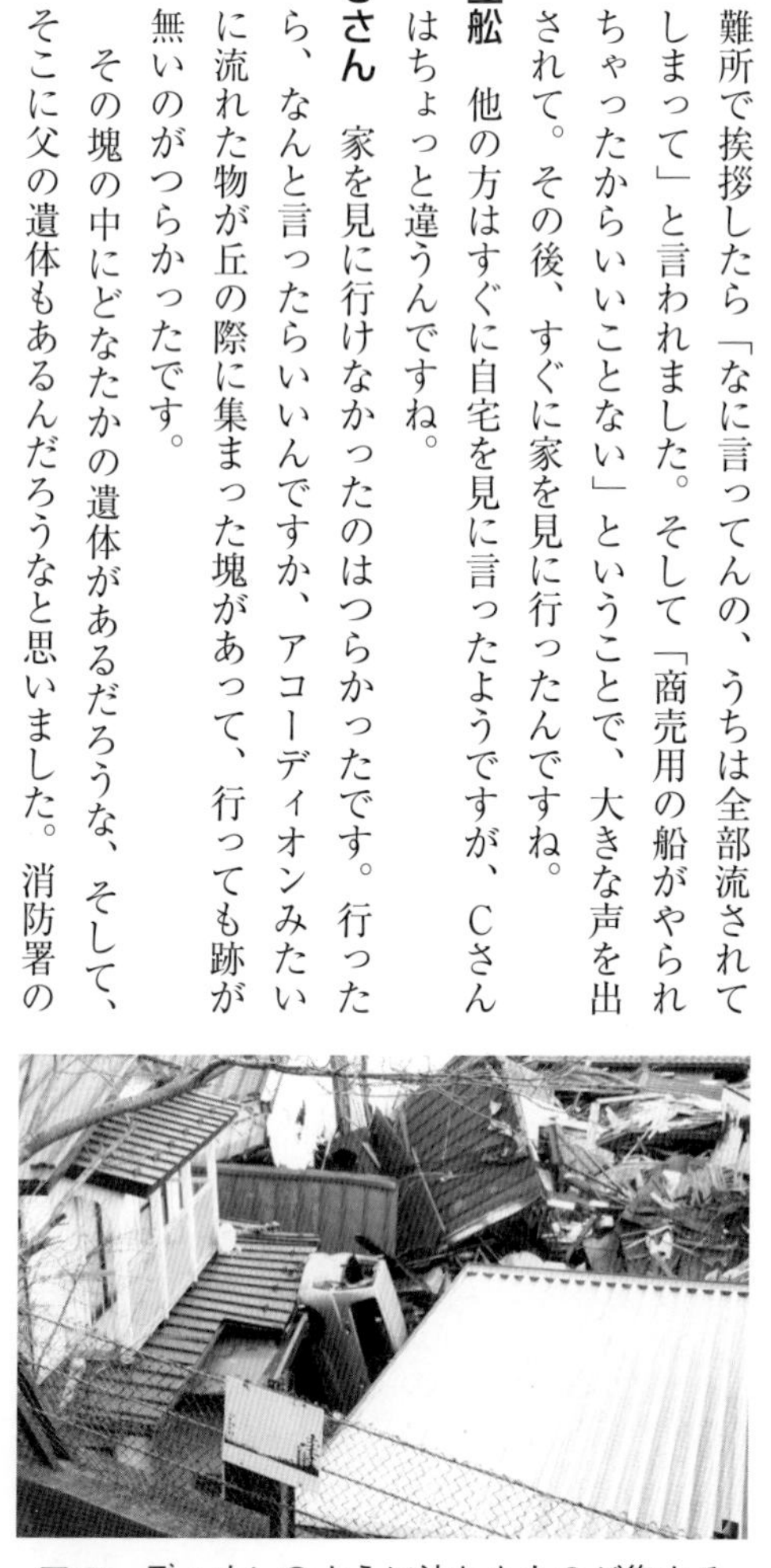

アコーディオンのように流れたものが集まる

方がいらしたものですから「すみません、市民の手でやってもいいんですかねー」と聞いたら、「散乱していますから、まっすぐ前だけを見て気持ちをしっかり持ってやってくださいね」と言われました。それと遺体回収の時、ボートがあればよかったと思いました。

そして、遺体回収しているすぐそばから、よその方の遺体から物を盗んでいる人もいました。もう、地獄でした。なんかみんなどうかしていたと思います。

Dさん 夜な夜な盗みに行ったという人たちもいるんだよね。

Cさん いや、真昼間から。上で私達が父親とよその方の遺体を回収しているその真下で物を盗んでるんですよ。

Bさん 銀行さんもやられた。

Dさん 信金のお金が無くなったとかね、あのころは4、000万円盗んだとか。その話を聞いて「うちにも頂戴」なんて言ってましたけどね。どうやって盗んだんでしょうね。

Aさん あの頃は、ガソリンを抜いて持っていかれるという話があって、安心して車も置いておけなかった。

Cさん ガソリンを抜かれるという時がありましたね。いろいろなことがあって、自分をキチンと保っているのが大変だった。

Dさん　やっぱり自警団をつくって対応したんですよね。外国から泥棒が来るって噂が流れてね。なんかすごく怖い思いがしました。

仮設の人たちは贅沢…

Cさん　千人以上の方々が亡くなったわけでしょう。でも私達は火葬が出来て幸せだったのかなあと思いました。「遺体が見つかって良かったじゃない」と言われる。この、遺体があったからいいじゃないというのが日常になっているのは、異常だと思いましたね。

Dさん　それと「仮設の人たちは贅沢だ」と言われた時は、本当に効きますよ。

1か月以上お風呂に入れなかったというのは大変で、それで仮設住宅は天国だと思いました。しかし言っている人たちは被災していないわけだから、ひどい思いって知らないですよね。逃げることもなかっただろうし。そういうふうに言われた時は、この気持はなんなんだろうかと、本当に思いました。

Cさん　仮設住宅に入って喜んで、1年間は何が何だかわからなくて、まわりに踊らされていたのかな、何にでも飛びついて、いろいろやって感じる時間が無かったんですよね。

去年のお正月あたりから、気持ちが落ち着いてきて、落ち込んできたんですよね。現実がやっと見えてきて、自分らは一体なんだったんだろうと。ハイテンションだったんだと。それで、最近は家を再建された方々を見送る側になって。それは、おめでとうなんだけど、仮設住宅が決まった時の気持ちと同じですよ。

顔で引きつりながら「おめでとうございます、私も続くから」と言いながら見送って、家に戻ってきて涙を流すというのかな…。自分の非力なところが、もう突きつけられて。

Dさん 庶民がこんな思いして「それが人の力量だよ」と言われればそれまでですけど。いわゆる気仙沼市内では大手の企業さんであれば、ドンドンドンドンと工場や家の2軒も3軒も建てているというのを見ると、「アーと、何なんだろうこの差は。なんで、私達は家を建てられないんだろう」と思って。

Cさん 「家を建てられない人は、自己努力の足りない人よ」みたいな。そういうふうに言われる。「情けないね、まだ建てないの。あの人は再建しているのに、どうして建てないの」と身内からも言われる。

三舩 そういう目で見られるのはつらいですね。

Dさん ここにいるのが恥ずかしくなってきますよね。「まだいるの」と言われるとね。以前は威張って「仮設にいます」と言いましたけどね。最近は恥ずかしいような感じで。

三舩　今度は、Ｅさんはいかがですか。

Ｅさん　俺はね、マージャンやっていた時に被災したんです。初日の小学校は食事も毛布も無く、寒くてカーテンを引きちぎって子供達に与えました。その後自衛隊が来て総合体育館に移って、発災の３日目から毛布が来て、４日目からおにぎりがきましたが、少なく、最初は孫たちに食べさせました。自衛隊が来てからですね、良くなったのは。

現在の話ですが、被災した時の友達が、皆まだいるんです。それで今でもマージャンを毎月１回やるんです。そうすると「中古住宅買ってもいいんでねが」と言われるんですね。「おらの親戚、中古住宅買ってもう行ったぞ。次にどこでやる」と、２軒の家を行ったり来たりしてマージャンやっているんです。そうすると「今度どこでやる、お前いつ建てるんや」と。「防災集団移転でだいたい３年ぐらいかかるぞ」と言うと、「３年もおら生けてられねぞ、待てねぞ」と言われるんです。

Ｄさん　他人事なんですよね。簡単に家を建てられると思っている。私なんかもね「どうすんのあんた」と言われたってね。そんなに簡単に家建つもんじゃないのに。「こっちだって考えてんのよ」と言いたくなっちゃう。

Ｅさん　あとね着る物ね、なんというか「着る物いつも変わっててていいなあー」という感じ。

仙台のアウトレットに行って買ってくるんですよ。そうでないと無いから。そうすると「おまえばかりいいなあ」と言われるんですよ。

Cさん 「被災者なのにおしゃれしているんだってね」と言われるんですよ。自立しているんだけど、評価の目で見ている。

Eさん それこそ「被災する前、もっといいの着ていた」と言いてえんですけど。そこまで言わねばわかんないんだ。理解してもらえない。

Dさん 「贅沢だ」と言うこと自体がそうですもの。

Bさん これは経験した人でないとわからないところがあるね。うん。

Dさん 意地悪されたって、自分のこれからの生き方に対して、寛容に対応できるのかなって思ったりしますね。

Cさん 「看板をあげてた人間が、看板もあげないで、暖簾も下げないで、何そんなことやってんの」と言われた。「やらないよ、何回説明したらわかるんだ」と言ってる。「商売やってたのに、なんであなたたちはやらないの」と見られたらいやじゃない。

Bさん やっぱり商売していたからね。「なんでやってないの」と言われても、みんなそれぞれだからね。

Cさん　何かやったら「そのエネルギーあったら、家を造るほうに向けたら、もう家は建ってたんじゃないの」と言われた。

自治体によって…

三舩　厳しいですね。

Cさん　厳しいですよ、やっぱり。うちでも、小さい商売の補助金の枠はとりましたよ、頑張って。だけど、同じようにお金をいただいてやるには、申請した時と同じようにしなければいけないのですよね。元のお金は皆さんの税金ですからね。

Eさん　私はね、震災の二重ローンの関係があって金融機関では断られる、そして市の相談所に行っても断られる。そのため、直接震災の窓口に、配達証明付きで文章書いて資料整えて送って、ようやく「このぐらいの条件で良ければ面倒見ますよ」と返事があった。

内容を見ると、とても納得できるような内容ではなく、地元の弁護士には最初から「審査できません」と断られましたけどね。

それで、仙台の弁護士のオンブズマン系のところにいろいろ資料を持って行ったら、「これは完璧ですね」と言われて。そして何とか生きるぐらいまで減額して、やっと今、家を建てるような段取りをしている。

まず、それだって生きた思いしないよ。夜中も寝られなくなるほど考えて、ようやくたどり着いた。

Cさん　同じ被災地でも、水をかぶった土地は、どうしても都市計画で線引きが生まれますよね。「都市計画に入った人たちは、換地をいただけます。この道路からこっちは都市計画に入りませんでした」と、うちがそうなんです。換地、代替地が無いわけですよ。そういう、なんというか線引きの不平等というのが生まれているし、それで苦しんでいる人たちが多い。

それでね、私達のところは「住んではいけません」と言われる。「住んではいけませんというなら代わりの土地をくださいよ」と言うと、「あげません」と言われる。「それはおかしいでしょう」と。それはそれぞれの市町村の長が決める。だから、釜石とかの長は偉いと思ったんですよね。

三舩　確かにね、自治体によってですね…。

Cさん　だから、それは国でなにかできないのかなと。

Eさん　専門的な知識を持っていないとね、書類なんかも出せない。

Cさん　Eさんのように、知識があって頑張れる人ばっかりじゃないでしょ。泣き寝入りする人もいるわけですよ。

Bさん　そうね、あきらめる人もいますね。

Cさん　結局、極端な話、未だに仮設住宅に入れない人もいるわけですよね。全てにおいてそのようなところが出てくる。公営住宅もそうだし。4回申し込んだけどダメだったという方もいれば、1発でOKだった方もいる。障害者で同じ条件なのにですよ。その辺の不平等がね。どうにかできないのかなあと。

「絆」、「共助」なんて無い

三船　身につまされます。こういうお話を聞いていても、何もできないなとか、何が出来るのかと思って聞いているんですけど。

Cさん　それぞれの管轄が違うから無理なんですよね。縦割りでは。

Dさん　復興、復興という旗振りがあるんですけど。復興になっていないですね。一般庶民が苦しんでいるっていうのは、政治とかそういうのがどうなっているのかなあと。

Cさん　「絆」という言葉が一番嫌なんですね。今回は「絆」なんて無かったから。

三船　それは重要なことですね。それでは、時間も長くなってきましたので、今日のヒアリングの最後に一言ずつ、皆さんに言っていただきましょうか。

Cさん　きついよそれは、と言われるけど、本当に絆なんて無いなと思って。車で走っていると「絆、絆、絆」と出るから。「絆なんて無いよね」と思う。「津波のバカヤロー」と板に書いてあるのがあって「これが一番いいよね」と思いました。

Eさん　「津波のバカヤロー」がいいね。共助なんて無いね。共に助けるなんてね。生後2か月の孫がいて、せめて孫だけでもお風呂に入れたくて、孫を抱いて「孫だけでもお風呂に入れてください」とお願いして歩いたのに、断られた時はなんとも言えなかった。

Dさん　絆って、県外からボランティアにきた人達はそういう思いで来ているから、絆はあると思うよ。でも地元の人たちは、近所の人に絆は感じないということなんですよ。よそからは、いろんな絆を一杯いただいていると思いますけど。

Cさん　高田市のようにね、震災前から、高田市と住田町と困った時はお互いに助け合いましょうと協定を結んでいたから良かった。ああいうふうに、伐採したところに戸建ての仮設住宅を建てて、それを解体して持って行ったっていいわけでしょう。それなのに、「山の木だからダメだ」と言った人もいたようです。根本的な考え方が違う。

三舩　そろそろ終わりましょうか。「共助」についての話でしたが。地元からの「共助」はなかなか無いという結論だったと思いますが。

ほぼ全員　そう、地元からの「共助」はなかなか無い！

三舩　今日は長時間にわたり、いろいろお聞かせいただきありがとうございました。今回のヒアリングは、私にとっても良い体験になりました。今後の被災者対策に生かしてまいりたいと思います。

2　平常時のコミュニティ活動が共助につながった
～初日から暖かい食事と布団が地域から～

ここでは、2014年3月16日(日)に岩手県大船渡市の仮設住宅団地を訪れ、居住している方々4人にヒアリングをした時の報告をします。

ここでヒアリングした方々は全て、末崎町碁石地区コミュニティセンターに避難し、その後、同じ仮設住宅団地で避難生活を送っている方々です。そういう点では、被災後の避難生活は同じような生活を送った方々です。

避難所は体育館や小学校のような大規模避難所ではなく、地区のコミュニティセンターであったため、約100人収容し、地区的にまとまった規模で、避難者はお互いに知った方々で厨房設備もあったのです。

避難したコミュニティセンターには、初日から食糧と寝具が集まり、恵まれた避難所でした。同じ地区の避難者が集まり、地区のリーダーを中心にまとまり、日常の町会活動を基本に一丸となって活動を行い、被災していない周辺の方々の支援を得て、避難生活を送ることが出来た地区でした。避難所のコミュニティセンターには、最大135人が避難しました。

地域からの支援により、被災した初日から暖かい食事をとることができ、布団が配られた地区で、恵まれた方々です。

Fさんは60歳代の男性で被災後奥様と別れ3日目に奥様と会いました。Gさんは70歳代の男性で避難所のリーダーだった方で家は流されました。Hさんは、家が流された60歳代の女性です。Iさんも家が流された70歳代の女性です。

今回のヒアリングにご協力いただいた方々は次のとおりです。

Fさん…60歳代の男性、自宅が被災したが流されず。
Gさん…70歳代の男性、家は流された。避難所のリーダー。
Hさん…60歳代の女性、家は流された。
Iさん…70歳代の女性、家は流された。

ヒアリングをした大船渡の仮設住宅団地の集会所

周辺にお願いし、初日から暖かい食事と布団

三舩　それでは皆さん、今日はお集まりいただいてありがとうございます。今日は東日本大震災から3年経過しましたが、被災後のことを思い出していただいて、「共助」をテーマにお話をお聞かせいただければと思います。最初は、被災後どういう状況だったのかということからお願いいたします。では最初にFさんから。

Fさん　被災した時は自宅で作業していました。家族は家内と2人です。家内はその時、陸前高田市に行っていて、連絡が取れない状況でした。私はコミュニティセンターに避難していましたが、3日目に家内がコミュニティセンターに来て会いました。聞くと、高台にある陸前高田市の老人養護施設で、義母たち入居者の対応を手伝っていたそうです。

コミュニティセンターでは備蓄はありませんでした。しかし、少なくとも初日からひもじい思いをしませんでした。

道路が通れず孤立した地域なので、婦人部が中心になって被災していない家に飲料、食糧、寝具等のお願いをしました。そして、米、味噌、寝具を持ち込んでくれました。また、米屋さんからも、紙袋のお米は津波で売り物にならないけど食べられるということで、米が届きました。

コミュニティセンターには厨房設備、ガスボンベがありました。そのため、炊事が出来、初日から暖かいご飯を食べることができました。

またホテル碁石や近隣の人々が自主的に布団を持ってきてくれて、最初の日から布団で寝ることができました。

三舩　婦人部のような日常的な活動が被災時にも活かされたということですね。それでは次にGさん、よろしくお願いいたします。

Gさん　13日の夜になって道路が開通して、行政から最初のパンが届きました。14日に飲料水3箱、せんべい1箱など、車で運搬できるものが届きました。

パンは盛岡の白石パンから、3日目の13日から届きましたが、それ以後は毎日届きました。ドンドン送られて来たのですが、食べられなくなりました。牛乳と一緒なら良いと思いました。このようなところは調整して欲しいと災害対策本部に話しました。

結局、全ては食べられず、余ったものは被災していない方々にも分けました。そうすると被災していない方々からは贅沢していると言われました。

衣類は、行政からは、男性用、女性用、子供用と分けられてきました。その場合、箱に詰められてきますが、箱はあまり詰め込まないで、女性でも持てる程度の重さが良いです。

Fさん 救援物資は、透明のビニールのラップに包まれていれば中が見えて良いと思いました。行政を通してきたものは良いのですが、個人宛に匿名できたものはTバックの下着やスパンコールなど、どうかと思うものがきました。

いろいろ送られてきましたが、暖かくなってから送られてきた冬物は開封しませんでした。避難所では分配しても置く場所がないのです。被災していない家の倉庫を借りて仮設住宅に移動するまで保管しました。

衣類では、下着は足りませんでした。しかし、中古の下着は使いませんでした。結局、下着は絶対数が足りず、必要な時に無い状況でした。

三舩 それでは次にHさん。

Hさん 米は後々も十分いただきました。味噌は多少不足気味で、味噌は実家からもらってきました。ペットボトルの水は道路開通後に届くようになりました。コミュニティセンターには近所に井戸があったため良かったです。飲食料はバランスをとって送って欲しいと思いました。野菜は行政を通じて来ましたが、足りませんでした。

赤ちゃんのミルクが欲しかったのですが、最初の頃はありませんでした。そのため、最初は1人スプーン1杯分しか分けられませんでした。でも、その後は多く送られてきました。

そして、多すぎて行政に持って行って欲しいと言いましたが、置かれたままになりました。

被災者の立場では、バスタオル、毛布、布団の3点セットぐらいは欲しい。それと、大人の紙オムツ、生理用品もありませんでした。

初期に必要なものは、ミルク、紙オムツ、生理用品等です。

Fさん　長男が盛岡にいたので、盛岡で青果卸業を営んでいる友人から毎週車に野菜を積み込んで運んでもらいました。肉・魚類は食料品の支援物資には含まれていませんでした。そのため、タンパク質不足になりました。

コミュニティセンターへの避難者が70人ぐらいに減った時、姉が横浜から50〜70キロくらいの肉を持ってきてくれました。そして避難所で焼肉パーティをやりました。その時は嬉しくて皆で良く食べました。

魚が全く送られてきませんでした。獲れないし、流通しない。生鮮物は流通・保管が難しく、避難所には収容人数に応じた冷蔵・冷凍設備があるといい。

三舩　それではIさんはいかがですか。

Iさん　内陸の酪農業者さんが、流通の混乱で牛乳の出荷が出来なくなり、私たちの避難所に直接持ってきてくれました。殺菌処理した搾りたての牛乳は濃くて美味しかった。

乾パンは、他の食糧で十分だったため消費することはありませんでした。水などとセットでないと食べません。他のものがあると乾パンは食べません。缶詰のパンも同様です。お湯を注ぐと出来る米がありましたが、これは簡単で良かったです。つけものは私達で作りました。

Gさん　贅沢と思われるかも知れませんが、コーヒー、お茶等の嗜好品は無いとダメです。足りませんでした。一方で、デザートは余るくらい送られて来ました。お酒は必要ないし、送られて来ませんでした。私達の避難所では飲まないように決めました。

年代に合わせた物資

三舩　それでは、食事以外の物資はどうでした。

Fさん　弁当箱やリュックのような子供用遠足用品はありませんでしたが、避難生活が長期化するとあると良いです。そして、グローブ、バット、ユニフォーム等、少年用のスポーツ用品が欲しくなりました。学校行事や課外活動が通常どおり行われるようになって、被災した子供たちにはその用具がなかったのです。

それと、ベビーカーのようなベビー用品が少なく、子供の年齢に合わせたものが欲しいと思いました。

三船　避難が長期化すると年代に合わせた物資が欲しくなるということですね。

Fさん　そして、鯉のぼりをいただきましたが、被災者では立てられなかった。鯉のぼりを立てるために自衛隊などに電話をしましたが、結局ボランティアに立ててもらいました。よく取り上げられたランドセルのような見え見えの支援もありました。

Iさん　送られてきたものでは、ペットフードは良かったです。しかし、途中で足りなくなり、犬のものを猫に食べさせたりしました。

それと、若い女性は化粧品が欲しいかもしれない。ただ合うか合わないかがあります。

ボランティアは

三船　他には何かありませんか。

Fさん　瓦礫処理終了後、ボランティアセンターに声をかけてボランティアに手伝ってもらいました。しかし、ボランティアが寝泊まりする場所が無かったようです。

ボランティアセンターでは、殺到した

ボランティアが上げてくれた鯉のぼり

ボランティアをさばけず、調整がとれず支援を断ったこともあったようですが、被災者としてはボランティアは欲しかったです。

作業量が多く、ボランティアをして欲しかったのですが、ボランティアセンターにお願いしても断られるため、自分で探しました。全体の瓦礫撤去が終わった後は、住める住宅の瓦礫撤去と清掃ボランティアが必要です。

三舩 ボランティア対策は話題になりましたね。これもいつものことといいますか、被災者としては、ニーズはあるがそのための調整ができないというか。

Fさん このようなことは、現地の状況を見てコーディネート出来る人、そして情報発信をしてくれる人がいないとうまく行きません。

段ボールの間仕切りをつくるかと、行政から聞かれましたが断わりました。結局、間仕切りは作りませんでした。

この地域では普段は必要がありませんが、自転車は移動手段として有難かったです。車いすはここでは必要な人はいませんでした。

気になる行政の姿勢

Gさん　ある時、市の体育館を見たら、無いのかと思っていましたがたくさん物資がありました。そのため、頼んで配布してもらいました。コンロ、ストーブ、浜で使う薪ストーブは体育館に残っていました。というよりは、体育館で止まっていました。

　市では、被災者に公平に配布出来ないと配付しない。また、基本的に行政は要請方式で、被災者から要請が無いと配付しないということを知りませんでした。

三船　こういう、物資の配布の方法もいつも話題になります。まずは、しっかり被災者が要請することですね。しかも書面でですね。行政も混乱しているので。

Fさん　県は市に物資を出しました。しかし、市が受け取らない。そこで、県は被災した人も被災しない人も集めて要望者に物資を配付しました。

　しかし、そのようにして給付すると言われても、被災した人は車がなく運べませんでした。そのため被災していない人が車で持って行きました。

三船　これもつらいことですね。なかなか必要な人には届かないということですね。これも解消して行かなければならない課題ですね。

Fさん　市がＮＰＯに依頼して支援物資を配付しましたが、バーゲンセールのようになりました。市の体育館には賞味期限が切れた食糧が多くあったという情報がありました。
振り返ってみると、結局、避難所の現場を把握しコーディネートする人がいないということです。それと、国・県のスタッフが現地に来て見るべきです。そして国・県が実態を知って対応を考えていただきたい。

三舩　避難所の状況を把握し、コーディネートする人というのはこれからの課題ですね。他にありませんか。

その他生活必需品

Iさん　歯磨きセットが無く、石鹸、シャンプー、髭そり等もありませんでした。入浴は近くに五葉温泉があり、みんなでそこに行きました。最初の入浴は、被災して2週間後だったと思います。散髪ボランティアは県を通して来てくれました。
また、お寺にも物資が届きました。コミュニティセンターから近かったのでやりとりしました。そして、仮設住宅に入ってから仏壇がきました。

Fさん　それと、パソコンはあったほうが良いです。ただ、パソコンが来たけれど、最初は立ちあげられませんでした。幸いにも、若手ボランティアがやってくれました。インターネット環境を使えるようにしてくれる技術者が欲しいです。

Ｈさん　テレビは早い段階で避難所にきました。仮設住宅には、日赤から、テレビ、冷蔵庫、洗濯機、電子レンジがきました。そして、全世帯に炊飯器やポットが来ました。電気カーペットは貸与でしたが、いただけると助かります。

冷暖房機はありましたが、コタツがありませんでした。コタツは必需品です。コタツがけを含めて一式あると良いです。コタツは、夏はテーブルにもなり便利です。

Ｇさん　仮設住宅は大団地優先で、小団地には来ないものがあります。仮設団地にテントが欲しい。そして組み立て式の棚が欲しい。小さい物品が多く仕分けする棚が欲しいです。ベニア、角材、日曜大工用品が欲しいです。市からは、無いと言われましたが、実際はありました。後で市に良く聞くと、書類での申請が無かったと言われました。

三舩　書類の申請ですか。これも今回学んだことですね。

避難所の在り方と避難所間共助

Ｆさん　振り返ってみると、避難所は厨房設備がある場所が良いです。避難所は体育館という考え方を改めないといけないと思います。今回の教訓から近所の公民館等が良いと思います。

三舩　今回、最大の良かったところは厨房設備ですね。初日から暖かいごはんと味噌汁で救われた気持になりますね。避難所には必需品ですね。

Fさん　避難所の適正規模は100人程度が限度ではないかと思います。少人数のほうが良いと思います。そして、避難所には地区公民館が良いと思います。大人数を収容する体育館の悲劇が無くて良いと思います。

私達の避難所では、近くの避難所として開放した2つの地区公民館と1日に3回は情報共有をして、支援物資の足りない避難所にはお互いに融通をつけるように運び助け合いました。これも小規模でリーダーシップが取りやすかったから出来たことと思います。

三舩　大規模避難所より小規模避難所、そして避難所間共助ですね。これは素晴らしいですね。しかし、自治体の事情でなかなか出来ることではないですね。でも、これからの避難所の目指すべき姿かも知れませんね。

避難所となったコミュニティ施設

Fさん　また、避難所で物資を扱う人は他の行政からの人が良いのではないかと思います。そして、早い段階で避難所と本部を繋ぐ人が欲しいです。

この地区では、電気が通常どおりになったのは3月21日です。そして、携帯、パソコンの充電器が欲しい。また、ミニ太陽光発電機などもあると良いです。停電中は、懐中電灯使用のため乾電池が欲しいです。ラジオはあまり聞きませんでした。電気が無くて、車のバッテリーから携帯の充電をしました。シガーライターから取り出せる器具がありました。

燃料では、ガソリン、灯油は不足と言われていましたが、そもそも車が被災して使えませんでした。

三舩　停電も大きな問題でしたね。今日のお話のポイントは、日常的な出会いや活動が、共助にうまく働いたということでしょうか。今日は良いお話を聞かせていただいたと思います。ありがとうございました。

3　誰にも迷惑をかけないようにした人が一番困った

２０１４年3月21日㈮に岩手県宮古市の仮設住宅団地を訪れ、ヒアリングした時の報告をします。その日は、前日の大雪で仮設住宅はすっかり雪に覆われ、雪かき作業でつくられた道を歩いて訪れました。また、その日は、ボランティアも来て足湯や食事をつくってくれるなどの活動があり、賑やかな日でした。

５人の被災者は、実家、親戚の家、そして避難所に避難し、その後現在の同じ仮設住宅団地に入居した方々です。

Ｊさんは70歳代後半の男性で、被災直後は親戚の家で避難生活を送りました。しかし、避難所へ避難しなかったため支援を受けられず、また市役所の言うことを聞いたら、多くの矛盾を感じ「結局、誰にも迷惑をかけないようにした人が一番困った」という感想を抱いた方です。

雪に覆われた宮古の仮設住宅団地

Kさんは60歳代の女性で、被災後実家に避難した方です。ご主人は1週間後に死体で見つかり、子供は1か月後に死体で見つかった方です。避難所へ避難しなかったため支援を受けられず、また地域からも期待したほどは支援を受けられなかったという感想を抱いた方です。

L、M、Nさんは、避難所の小学校では備蓄は無く、最初は厳しい避難所生活を強いられたそうです。

今回のヒアリングに協力をいただいた方々は次のとおりです。

Jさん…70歳代の男性、被災直後は親戚の家で避難生活。
Kさん…60歳代の女性、被災後実家で避難生活。
Lさん…60歳代の女性、避難所の小学校で避難生活。
Mさん…60歳代の女性、避難所の小学校で避難生活。
Nさん…70歳代の女性、避難所の小学校で避難生活。

仮設住宅でヒアリングを行う筆者（右から3人目）

被災直後は

三舩　皆さん、今日はありがとうございます。今日は、「共助」をテーマに話していただけたらと思います。震災後の被災生活はどうだったのか、地域からの支援はどうだったのか、そのようなところを皆さんから聞かせていただければと思います。それではJさんから、いかがでしょうか。

Jさん　被災直後、避難所は満員だったので、親戚の家に行きました。そしてそのまま親戚の家で避難生活を送りました。しかし、これが不運の始まりでした。避難所へ避難したわけではなく、つまり登録をしていないので、救援物資は何も支給されませんでした。

近くに避難所があったため、避難所から「新しい下着がついた」と聞こえてくるので、受けとろうと思い行ったら、「どこから来ましたか」と聞かれました。そして「あの家から」と言うと、ダメと言われ、支援物資を受け取れませんでした。

三舩　そうですか、避難所じゃないと救援物資は受け取れなかったんですか。こういう話はよく聞きますね。

Jさん　また、安否確認の時、新聞への掲載をお願いしようとしましたが、避難所にいないと新聞には掲載してくれませんでした。

しかし、「自分でやらなきゃダメ」と人に言われて、紙に書いて市役所の掲示板に貼りました。そうしたら、張り紙を見た横浜の人がネットにアップしてくれました。そのネットを見た人から、「確認出来て良かった」と連絡がありました。個人の家に避難した場合はダメでしたが、避難所として登録された個人の家の場合は、新聞に掲載されました。

このような対応に腹が立って、数人で一緒に市役所に要望を言いに行きました。そうしたら、ラジオで放送してくれました。それは良かったと思いました。

いつもラジオのスイッチを入れておいたので聞くことが出来ましたが、普通の人は必ずしもいつもラジオを聞いているわけではないので、新聞に掲載して欲しかった。しかし、結局、新聞には掲載してくれませんでした。

市役所にはいろいろなことを要望したかったのですが、移動手段は車しかなく、ガソリンが無くて動けず、要望はあるが言いに行けませんでした。

三舩　大変だったんですね。安否確認が新聞に掲載してくれなかったというのは残念でしたね。それではＫさんはいかがでしたか。

Ｋさん　被災後、実家に避難しました。そこまでは良かったのですが、支援が来ませんでした。周りの方々から、市役所に行ってみれば何か支援してくれるかも知れないと言われて、市役所に行きました。しかし、市では、何も支援してくれませんでした。
その後、甥からインスタント食品をいただきました。

三舩 Jさんと同じだったんですね。

Kさん そうです。そして、1か月後ぐらいに町内会の集まりがありました。その時、町内会から、これまで何もしてあげられなかったということで、米を10キロいただきました。お米をいただいたのは有難かったのですが、周辺からの支援はこれだけでした。

三舩 それではLさんはいかがでしたか。

Lさん 避難所は、鍬が崎小学校の2階の教室でした。備蓄は何も無かったです。そして、初日の夜の食事はお菓子でした。

三舩 Mさんはいかがでした。

Mさん 雪が降って避難所は寒かった。毛布を持ってきた人もいて、1枚の毛布に3〜4人で入って寝ました。

三舩 Nさんはいかがでした。

Nさん スポンジ製で銀色の敷物、厚さ1・5センチ程度のものが配布されて来ましたが、ツルツルして滑り使えませんでした。そのため、せっかく配布されたものでしたが、使わずそのまま教室の床に寝ました。

Lさん　食事は、その後、おにぎりが来たが冷たかった。救援物資は来なかったです。

三船　食事と毛布以外のことではどうですか。

Lさん　水洗便所が使えず水が無いのが困った。水で流せなかったため汚物は新聞紙で梱包して捨てました。飲料水ばかりではなくトイレを流す水も欲しいです。

Mさん　停電で電気が使えませんでした。停電の間はろうそくで凌ぎました。

Nさん　石油ストーブはあったのですが、灯油がなく、暖房が無く寒かったです。

Lさん　避難所では、トイレ用の水、電気、灯油が無いのが一番困った。オムツも来なかったです。

Nさん　避難所を出たら、弁当が支給されるようになりました。

親戚に迷惑をかけたくなく松戸の息子のところへ

三船　Ｊさんはその後はどうしたんですか。

Ｊさん　息子が千葉県松戸市にいました。親戚にもあまり面倒をかけたくなく、息子のお世話になろうと松戸市に行きました。そしてある日、松戸市の体育館に行ったら、救援物資がたくさんありました。

係の方にお伺いすると、「持っていってもいいですよ」と言われた。そのため、必要書類を書いてもらってきました。これは有難かった。

あまりにも状況が違うため、あんな宮古にいてもしょうがないと思い、妻と相談し、松戸市民になろうと思い住民票を松戸市に移しました。

三船　思いきったことをしましたね。

Jさん　しかし、その時は夏で、関東は熱帯夜が続く毎日でした。そのため、夜は窓を開けて寝たいと思ったんですが、息子は窓を閉め冷房をつけました。しかし、私達夫婦は、冷房をかけては眠れませんでした。これで、もう松戸では生活できないと思いました。

三船　私も岩手県生まれなのでわかります。初めて関東に来た頃は、冷房では眠れませんね。

Jさん　8月のお盆に先祖の墓参りをしようと思い宮古に戻りました。そして、住民票ももう一度宮古に移しました。

誰にも迷惑をかけないようにした人が一番困った

三船　また宮古に戻したんですか。

Jさん　そうです。そして、宮古市民に戻って仮設住宅に入ろうとしましたが、7月末に締め切ったと言われ断られました。このことを、盛岡にいる娘に電話で話したら、娘が宮古市と話をつけてくれて、9月2日から仮設住宅に入れることになりました。

その時、仮設住宅の順番は96戸中45番目でした。まだ半数以上空いており、これだけ空いていたのに、7月末に締め切ったと市に断られたことに腹が立ちました。

そして、宮古市で物資の支援を受けたのは、仮設住宅に入ってからでした。結局、「誰にも迷惑をかけないようにした人が一番困った」

三舩　そうですか。言われたことを真面目に聞いて生きた人がですね、一番困ることになってしまった。これは他でもありそうなことですね。

Jさん　他の人のことですが、1階が被災して使えず2階が残った家がありましたが、避難所には入れないと言われ、そのため、食糧がもらえなかった人もいました。そして仮設住宅に入居する順番も遅かったのです。

仮設住宅で

三舩　それでは、仮設住宅に入居してからはどうですか。

Ｊさん　仮設住宅では、整理するための棚が欲しかったんですが、棚をつくるために釘を使ってはダメと言われました。言われた時は、それは後で仮設住宅を使いまわすために釘を打つことを禁止しているものと思っていました。

三舩　そうなんでしょうね。

Ｊさん　しかし、仮設住宅も時間の経過により出て行く人が増えました。そのような仮設住宅はどうなるのかと思って見ていましたが、解体して廃棄処分となりました。

サッシは持って行ったものもありましたが、仮設住宅を使い回するのでもなく廃棄処分したのを見て、廃棄処分をするなら棚を造らせても良かったのではないかと思いました。棚を造らせなかったことを思い出し腹が立ちました。

三舩　それはそうなりますね。

Ｊさん　そして市役所は、その時、別の空いた仮設住宅を指して、ここの仮設住宅も廃棄すると言っていました。

また、空いていた仮設住宅があったため、お盆と暮れに親戚を泊めたいと思って聞いたら、市からはダメと言われました。ＮＨＫの被災者へのインタビューがあったので、そのような要望を話しました。そのインタビューのシーンが放映されたのですが、すぐにテロップで市の見解では認められないと流されました。
　要望を話したので希望を持ってテレビを見ていましたが、話した直後に流されたテロップで否定されたので、ショックだった。

三船　それはわかります。見て驚いたんでしょうね。厳しい状況だったということがわかりました。その他に何かありませんか。

Kさん　今は仮設住宅に入居していますが、一人者の場合、1DKですが、一人者でも仮設住宅は2部屋は欲しい、食事をとる部屋と寝室は別々にして欲しいです。また、アコーディオン・カーテンの下の隙間から隙間風が入り、冬は寒いです。

三船　確かに冬は、アコーディオン・カーテンの下の隙間風は寒いですね。他の地域の仮設住宅に泊めていただき、それはよくわかりました。東北では、こういうところをしっかり寸法調整していただかないと厳しいですね。

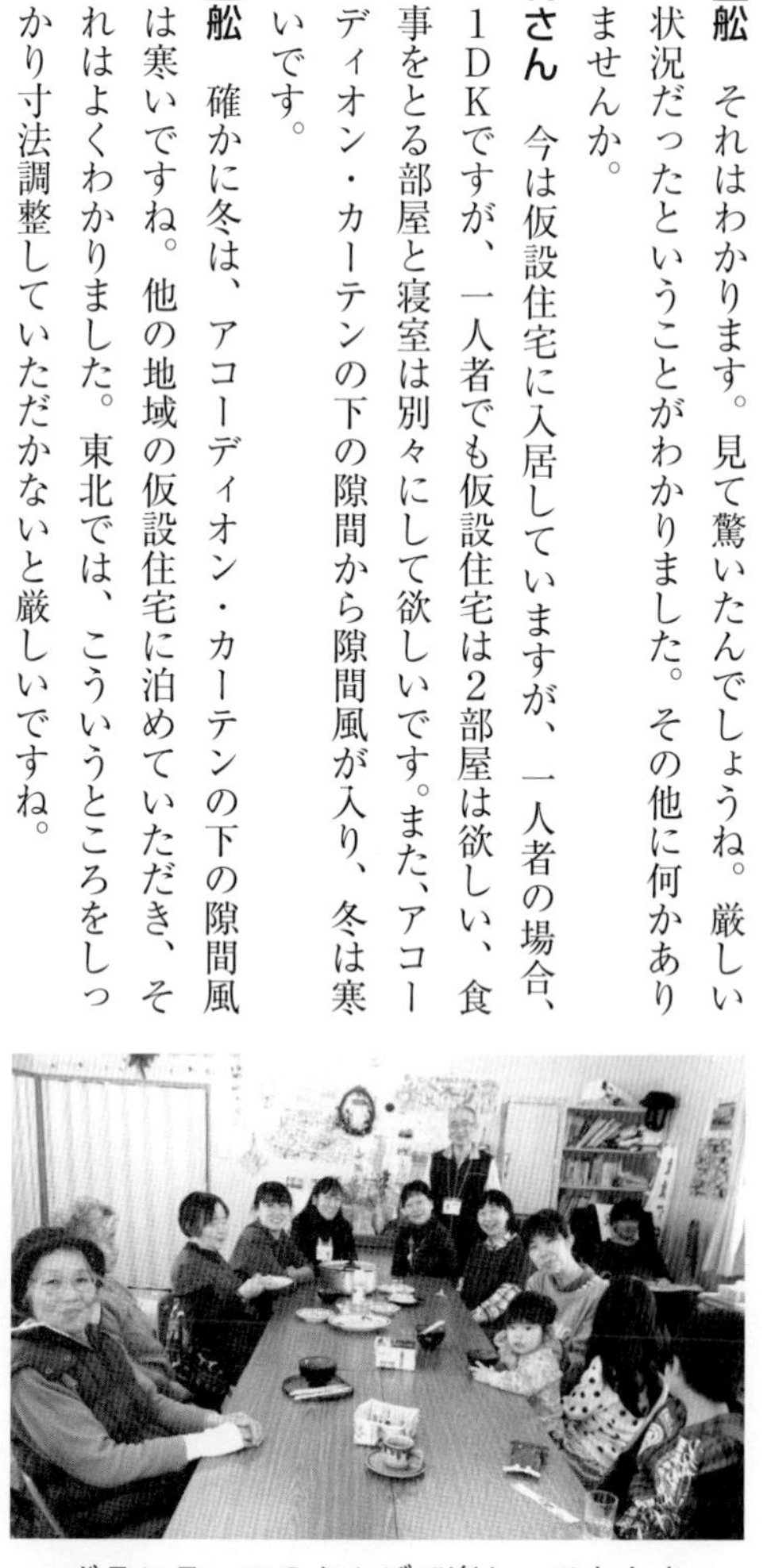

ボランティアのおかげで楽しいひととき

Lさん　ボランティアには感謝しています。今日のように足湯をやってくれたり、食事をつくってくれるのは有難いし、コーラスのボランティアも定期的に来てくれています。

三船　今日は私まで足湯をやっていただき、ボランティアの方々は本当にありがたいですね。食事までいただき、時間が来ましたので、ヒアリングはこれで終えたいと思います。

今日は、言いにくいことも言っていただいたように思います。しかし、このようなことも必要なことと思います。是非、今日のヒアリングをこれからの被災者対策に活かしたいと思います。今日はありがとうございました。

癒されるボランティアの足湯

第2章　個別ヒアリング

1　Bさん　モデル的な避難所は支援が豊富、しかし周辺からは支援が無かった。

気仙沼市のBさんは、60歳代の女性です。被災した時は夫婦２人で住んでいました。そして気仙沼市の市民会館に避難しました。避難した市民会館は、ＮＨＫが取材にくるなどモデル的な避難所でした。そのため、初日を除いて最初の頃から物資には恵まれました。そのような中で、食べ物も無いという避難所のことを聞き、申し訳なく思っていたそうです。

そして、その後も支援物資も多く、共助を十分に味わった方です。しかし、このような支援は地域からのものではなく、住んでいる周辺の方々からの支援は無かったそうです。そのようなお話です。

被災当日と被災状況

東日本大震災が発生した時は、家にいました。

自宅は、２階まで水があがりましたけど、家の形は残っていました。判定は全壊です。息子夫婦は別に住んでいましたし、家には私ら夫婦だけ二人で住んでいました。

避難所での避難生活初日

その日はですね、避難所の気仙沼市の市民会館に行きました。

初日はですね、毛布は間に足りなかったけど、なん枚かありました。市民会館ですので、備蓄していたものがありました。

市民会館には５００人はいたと思います。何人分の毛布があったのかはわかりません。全員

気仙沼市の仮設住宅

には行き渡らなかったと思いますが、ある程度はありました。

市民会館は、和室の部屋などもあるし、部屋が分かれているんですよね。そして、避難の部屋は5つぐらいで、市民会館の２階には和室もありました。そのような各部屋に分かれて避難しました。

1日目の夜はね、紙コップにやかんで、お水をちょっと皆さんに配ってもらいました。そして、乾パンではなく、クッキーを3枚いただきました。乾パンは無かったようですね。

避難所生活2日目以後　ＮＨＫも来るモデル的な避難所

2日目は、おにぎりがきたかもしれないですかね。最初の一晩だけ食べないで、それ以後は全員に、おにぎり1個ぐらいずつ来たかも知れません。

それで、2日目ぐらいになると、やっぱり、みんなこう、町の状況を見に行ったりしますよね。例えば亡くなった人もいますでしょう。だから、その関係の人たちが探しに行くんですよね。行方不明になってしまったから。だから、町を見るっていうか、なんて言うんでしょうね。亡くなった人が多いから、その状況をね、探しに行く。

最初は、あまりにもひどいから、あまり見たくないというか。行くといっても、もう瓦礫だらけでね。足が踏み込めない状況ですから、行けない状態ですね。ただ、こう上から見てる感じでね。

それから、徐々にね、毛布が来たんですよ。国のほうから。立派な毛布がね。それをみんなで振り分けてね。だんだん寝具も揃ってきましたね。布団はコタツ布団が来たんですよね。どこから来たかわからないけれども。そして、床へ敷くゴザが来ました。持ってきたのか用意してあったのかわかりませんが。

そして、避難所で問題になるのは大体プライバシーですね。段ボールを立てて間仕切りをつくったところが多いんですけど。市民会館はほとんどやりません。必要性を感じなかったですね。みな一緒の立場になったから。それと皆、同じ地域の人だったからと思います。

それで、毛布とか支援物資も徐々に届いてきた。

食事はだんだん暖かいものが食べられるようになりました。そして、おにぎりは普通に1日に3回きました。

パンはおやつに出ました、この辺ではおやつをタバコっていうんですが、タバコが午前と午後に来ました。だからね、よそから見たら市民会館は申し訳ないぐらい恵まれてました。ええ。下手すると余ったかもしれません。市民会館での避難生活に不満はありません。いらないっていうものは無いですけど、良かった。

みんな同じ状況になりましたので、皆さん一体になりました。家もみんな無くなったからね。やっぱり、あんまりトラブルもなく市民会館は良かったと思います。それと市の人が避難所には常駐していたので、情報もあり安心でした。

やっぱり、市民会館は中央ですので一番良かったたし、モデルケースにもなったと思うのね。ＮＨＫが取材にきたりして。だから、悪くはなかったんですよね。市としてもテレビに出るということで、どうしても中央だから物資が全部集まってくる。結局、あんまり不自由は感じなかったです。申しわけなかったけどね。

自衛隊が来てから

そのうち自衛隊が入りました。そうすると、こんどはね、お味噌汁が出たんですよ。ええ、1か月くらいして。自衛隊が味噌汁を炊き出しでつくってくれたんです。味噌汁はその時が初めてでした。

周辺の普通の家庭の人たちは、避難所には全然タッチしていないです。特別何も支援を受けませんでした。

そして、入浴したのも自衛隊が来てからです。自衛隊のお風呂は良かったですね。ビックリしたというか、自衛隊さんはすごいなと思って、あれには感動したね。ホントにすごい。布製というか、でもちゃんとね、バスタオルも全部一人ずつでした。自衛隊の設備はすごい。市民会館だからといって、シャワーなんかは無かったんです。もちろん、ライフラインがストップしてたから。電気、水道も止まって。でも自衛隊さんは給水車があるんですね。それでね、お水をもらいました。自衛隊さんが直接この避難所に支援したんですね。

ほんとうにね、中央っていう感じで。市民会館ということで、取材もきたし、やっぱり一番良かったんじゃないでしょうかね。

それとね、どこからきたんでしょうかね。イチゴ1人一パックずつ頂いて。本当にビックリしました。立派なイチゴ。家族で一パックではなく1人一パックずつ。だから、相当な量来たと思うのよね。

それは宮城県じゃないです。宮城県のイチゴ農家は被災しましたから。トチオトメの栃木県産とかだと思います。

そして、バナナとかも豊富にきました。

でも、いろんな避難所あるでしょう、食べ物が無いっていう避難所も聞いたんですよ。私は何だか申し訳ないと思ってね、ほんとうにね。

あとはね、おにぎりなんかはね、コンビニさんがくれたの。そういう話を聞きました。

肉は食べませんでしたね。外国から、炊き出しがあったんですよ。羊とかの肉で、カレーライスなどを作ってくれたんですけど、私らには口があわなくて食べなかったので、肉は口にしていなかったですね。

市民会館だったのでたくさん芸能人さんもきました。それで、ボランティアさんが個人的にも毛布持ってきてくれたり。あと、衣類とかね。そして、お菓子類とかを持ってきてくれたりしました。ありがとうございました。

2　Cさん　避難所で、妻が痴呆のためいられず行き場がなくなり、夫が…

気仙沼市で被災した、50歳代の女性のCさんの体験です。家は地震で倒壊し津波で流出し、そして火災で焼失した方です。

義理の母を消防団の車で避難の途中に亡くし、実の父は泳いで津波から逃れましたが、避難した民家の屋根の上で一夜を明かし、その結果凍死しました。遺体は手をつけることができず、3日間屋根の上にあったそうです。

避難所に避難したが、自衛隊が来るまで、地域からの支援は無く、厳しい現実を突きつけられた避難生活を送られた方です。

避難所では、折角助けられた老夫婦がいたが、妻が痴呆だったために行き場がなくなり、夫が…。

大震災で発生した厳しい現実を報告していただきました。

被災当日　家は全壊、流出そして火災

被災した時は自宅におりました。自宅は丘の真下になります。魚市場の近くにありました。被災の程度は、全壊、流出と火災での焼失です。ですから何もなくなりました。私の家族は４人ですが、義理の母が亡くなりました。実家はその隣だったんですが、隣は実家の父と母でしたけれど父が亡くなりました。

家族の状況　父は泳いで屋根の上に避難、しかし寒くて凍死

初日は、気仙沼中学校に避難しました。避難は皆一緒ではなく、気仙沼のいうテンデンバラバラで一人ひとり別々に避難しました。最初に、実家の母が、心臓病で急いで歩けませんので、ゆっくりということで、一番先に母が徒歩で避難しました。そしてその次に、私の家族が避難しました。

仕事が非番で夫が自宅におりましたので、義理の母を車に乗せました。というのは、義理の母は足が不自由でしたので歩いて避難することができないので、原則徒歩で避難というものには当てはまらなかったんです。

それで、車に乗せて逃げたんですが、途中、やはり渋滞がおきまして、仕方なく車から降ろ

して歩かせようとしたらしいんですけど、消防団の車が通りかかって、「乗せますから運転している主人は歩いて逃げなさい」と言われて、義理の母を消防団の車に託して、主人は歩いて逃げて、助かりました。しかし、義理の母は消防団の車ごと流されて溺死です。消防団の方々は自力で逃げたらしいですけど。

多分最後に、実家の父は地域で指定している避難所に逃げたらしいのですけれど、津波の高さのため避難所ごと流されたらしいです。でも水泳が得意ですから着衣のまま泳いで、隣の町の民家の屋根に上ったらしいのですが、服がぬれていたので、その晩は寒くて翌日の3月12日の未明に凍死です。知り合いの人が屋根に引っ張り上げて朝になるのを待っていたらしいのですが、80歳代ですので無理だったようです。

娘は山あいの公民館に務めていたので、その公民館でラジオを聞いて驚いて、当日は当然浸水してまして来られないので、翌日避難所の体育館で合流しました。

翌日の3月12日、体育館におりましたら、午後になって、その屋根で一夜を明かした人たちがヘドロまみれで上がってきたんです。その中の一人が私の父の死を確認したというのでそれでわかりました。

もう暗くなる間近だったので、少しでも明るいうちに、「その屋根を教えてください」ということで見に行きました。丘の上からですけど。

父の遺体は屋根の上に3日間放置…マグロの木箱に

遺体は3日間そのままでした。それで3月13日の午前中に自衛隊が気仙沼に入ったんです。それと東京消防庁も。東京消防庁は3月12日の朝にヘリコプターできましたね。

それで、東京消防庁と自衛隊に遺体を双眼鏡で確認をしていただいて、「降ろしてください」とお願いしました。しかし、72時間のルールがありますので生存者優先ということで遺体はおろさないという、ちょっと残酷でしたけど。確かに生きている方優先と遺体は諦め、それで、しょうがなくて3日間丘の上から屋根の上の父を確認してたんですけど、このままで鳥とかにいたずらされたんでは…と思い、それに火事が迫ってきていましたので、きれいな状態の凍死の遺体が焼かれてしまうのでは…と思いました。

そして、東京にいる弟が、山形空港経由で、山形からはタクシーを使って3日後に気仙沼に入りましたので、兄弟で降ろそうということになり、胸まで水がありましたが、友人を募ってもぐって降ろしました。遺体回収の時はボートがあれば良いと思いました。

そして、東京消防庁には、そのことを、後ではつらかったんですけど聞きました。「イケジマ保育所の子供達を助けに来たんでしょうけど、行く途中に目で確認できたはずだけど、うちの父はその時は亡くなっていましたが助けていただけなかったのか」ということを聞きました。

きつかったけど聞きました。そうすると「ロープの長さとか、ホバリングした時にかえって、その屋根の上の人たちが飛ばされる危険があるんだ」と聞かされました。納得したかったので、とりあえず聞きました。

そして、父の遺体を、しょうがないのでマグロの木箱に入れて運びました。それで、その遺体をですね、道路に置いておいたんですけど「道路では困る」と叱られました。

その時、新聞社のビルがあって、新聞社の方が「入れていいよ」って言ってくれたので中に入れたんですが、上司の方が遺体を入れられたんでは困るということで警察に連絡したらしいです。でもそのおかげで遺体回収の警察が来るのが早かったんですね。

市役所のなんでしたっけね、ゴミでもなく、なんかそういう係なんですね。遺体の回収に来るのは。

大変な遺体の確認作業…

そして、南に20キロ、20キロまで無いかな。片道歩いて2時間半の階上(はしかみ)小学校が安置所だったんです。そこに行ったら「確認の書類を書いてもらわないと死亡届が出せない」といわれました。

そして、ゴミ屋さんが遺体を持っていったわけですけど、そこで、警察の書類にサインをしました。そして安置所には身元不明の書類が山のようにありました。

その時、義理の母の消息が何かないかなあと思って探して見ましたら、消防団の車の中に老婆、老女とありました。あっ、これだと思いまして、今度は義理の母の遺体を確認しに、逆に北に2時間半のところに歩いて行ったわけです。だからその日は往復、何時間歩いたのかな。

それで、その義理の母の安置所が停電中ですので日没で閉じるんですね。ですから、日没までに着かないと市役所に届けが出せないので、市役所に「ヘリコプターか自動車で、そこへ送っていただけませんか」とお願いしましたが「相当の遺体数なので、それは出来ません」とのことで、全部歩いて行きました。線路にも家が乗っかっていてどこをどう歩いたのかわかりませんでした。

それで、確認はしたんですけれど、当然その後、火葬になるまで毎日、その北と南とを歩いたわけですね。だから、それですっかり足なのか、腰なのか、膝なのかわかりませんがひどい状況になりました。車がないということはそういう状況でした。そうですね、遺体をおろしたのは4日目でした。

避難所生活　卒業式用の紅白の幕を下ろして…

避難所の初日はとにかく寒くて。毛布、備蓄がなかったんですね。というのは、なにやら、前年の２０１０年の2月に発生したチリ地震津波の時に避難所を開設して、消費した分を追加していなかったらしいです。市役所の危機管理が。それで、ゼロに近かったんですね。毛布、数枚はあったらしいんですが、漁業研修生が中国からきていますから、その方たちも避難していましたので、それは国としてのお客様ですので、毛布はそのお客様の方々が優先だったんです。

それで、後で中国からお礼に来たみたいです。それで、当然、水もビスケットもなく、次の朝になり寒かったですね。

必死で逃げた方も、低体温で亡くなっていた方もいらっしゃいました。毛布が無いので、中学校の卒業式用の紅白の幕が、グルリとあったので、それを下ろして皆で巻いて、どうにか一夜を明かしました。

3月11日の夜、一夜明かして3月12日の朝になりまして、ペットボトルが1本ぐらいあったのかな、それで、病気の方と乳幼児優先ということで「唇を湿らせる程度にしてください」ということで、回し飲みというか、唇を湿らせる程度にしました。そしてビスケットがお盆に10枚ぐらいあったのだろうか、それもそういう方優先でした。

それで、その日は何も食事は無く、そして昼に娘が公民館から合流してその日も終わり。3月13日の朝、市役所の人が入りまして「避難所としてコミュニティをつくらなければいけない」ということで、各クラスに振り分けようということで、大体、町内会ごとでしたね。1階は寝たきりの方とか病気の方というように。

気仙沼中学校に避難して1日目、2日目は体育館です。そして、2～3日目に教室に移動しました。教室の床はリノリウムですからとても寒かったですね。

暖房は無かったです。停電ですし毛布も無いです。それで、3月13日だったかな、お天気でしたから被災していない方々は外で毛布を干していました。そこで、皆で行って近所の方々に「干してある毛布、これをいただけませんか」と手分けしてお願いして歩きました。でもどなたからも譲っていただけませんでした。手の平を返したようでした。そして、次はトイレを貸してくださいと言われると思ったのか戸を閉められました。

教室は、振り分けられたところが理科室の方は比較的良かった。実験台の水道の下が壁になり、それでプライバシーが保てましたし、普通の教室の方はたいへんでしたね。収容数は一クラスに30〜40人でした。

おにぎり

それで、3〜4日経っておにぎりが来たんですね。2、000個が。気仙沼中学校に避難している人と市民会館に避難している人との分だと思いますが、1人2個ずつで2、000個なので1、000人分ですね。両方の避難所で1、000人が2個ずついただきました。

私は、しばらくの間は、それは市役所でお米を提供して作ったと思っていたんですが、それが、八瀬地区の婦人部の方々の協力で、2か所の避難所の方々のごはんをまかなったということですね。

娘が避難所から公民館に通勤したんです。山あいの公民館で新月公民館といいますが、そこがなぜか自家発電機は無かったのですが、電気が通っていたので水が使え、水とガスが使えるということで、山あいの住民の方が、共助ですね、ごはん、米粒をだしてくれて、そこでおにぎりを毎日2、000個握って出してくれたんです。

公民館で作ったおにぎりですが、娘はそこに務めてはいたんだけど、務めている人は、お弁当を持っていくことになっていて、娘はおにぎりをつくるんだけど「食べてはいけない」と言われたらしく、事情を知っている公民館の方が、自分のお弁当を与えてくれたと言っていました。市民に提供するものだから職員は食べてはいけないっていう理屈なんでしょうね。

そのお米が市役所からと思っていましたが、八瀬地区っていうんですけど、その方々のおかげで作れたんだということを最近知ってですね、お礼を言うにも言う時期を逃がしてしまいました。

そして、13日ぐらいまでは、やっぱり毛布、せいぜい1枚ぐらいも無かったのです。毛布を持ってきた人は別ですけどね。そして、当然そこに避難しているだろうということで、友人とか、知人が、お見舞いに毛布を持ってきてくれる人がポロポロ出てきて、それを使い回していました。

あとは娘の友人たち、20歳代の青年たちが「何か困っていることはありませんか」と、「僕たちが必要なものを明日からつくってきます」と言ってくれて、助かりました。毛布が無かったので、その青年2人が、2トントラックでかき集めて持ってきてくれました。それがなければ、もうどうなったか。その毛布と中古の毛布とで、避難所をずっと過ごしました。

12人に対して毛布を4～5枚いただいたので、みんなでピチピチと横になって寝ましたね。

まだその頃は支援物資は来なかったです。ろうそくが来たのが4日ぐらいだろうか。停電でしたしね。気仙沼は火事が発生して、電柱がつまようじのように抜けるのを見てましたからね。

自衛隊が来てから落ち着く

自衛隊が1週間以内に来ました。八瀬地区のおにぎりの次は、自衛隊の炊き出しがやってきました。本当に自衛隊は有難かったです。

市役所の建物は高台にありましたけど、機能しなかった。

2人分の遺体の書類を持って、もう夜でしかたら市役所も真っ暗でしたけど、懐中電灯でね、事務の方に受理していただきました。

自衛隊が来るようになってから、徐々に、避難生活が安定してきたんです。食べ物も自衛隊の食べ物ですね。少し、ちゃんと食べられるようになって、あとは、野菜炒めのようなものが食べられました。気仙沼小学校の校庭に自衛隊のテントがあって、その点では良かったと思います。入浴は自衛隊が来てからです。気仙沼小学校の校庭にお風呂ができたんです。

段ボールでの囲いとかはしなかったです。リーダーがそう決めてしまって。ただ、娘とか大変だったようです。着替えをしようにも。

その後、気仙沼中学校は電気が回復してからポンプが使え、気仙沼市街の水道が使えるようになりました。気仙沼中学校の避難所に関しては、何故か「学校の水道を飲料水に使ってはいけない」と言われました。誰の判断かわかりませんが、校長先生でしょうか。それで外に１つ消火栓があったんです。消火栓は学校のものではないので、消火栓に蛇口をつけていただいて、それを飲料水にしました。どうして学校の水道が飲料水に使えなかったんでしょうね。わかりません。

そして、トイレも使えなかったんです。ですから、仮設トイレを外に設置しました。何百人という人がいたので大変でした。仮設トイレのお掃除とかも中学校のプールの水をかけてお掃除しました。トイレを洗う水がない、飲み水はあるけど。プールがあったから良かったということですね。

整理すると、備蓄がないことから始まって、公民館に勤めている娘のおかげで、やっとおにぎりが食べられるようになった。そして、３日、４日、経って、自衛隊さんが来てからじゃないと沢山は食べられなかった。地域からは全く支援がありませんでした。

避難所は大変…痴呆の奥さんを抱えた夫が…

気仙沼市の場合は、以前から津波で、防災に関して一生懸命勉強会をしていました。頑張りましたけど備蓄が無かったんですね、それに驚きました。

そして、町内会ごとに避難所を決めていたわけですけど、私の父はその避難所に逃げたがゆえに亡くなったわけです。海沿いの隣の行政区の避難所は、建物が鉄筋コンクリートだったので大丈夫だったんです。火事にはなったけど。町村、行政区をこえて、避難所にはこことこことがありますよという、そういう共有みたいなことが出来なかったというのはありますね。

そして、避難所にいますとね、事情が皆違う。同じ被災者であっても、全家族が全員無事な人と、家族を失った人が、同じ空間で過ごすっていうのが本当につらかったんです。

一番の悲劇だったことが、同じ町内会で、老夫婦が助かったんですけれど、奥さんが少し痴呆だったものですから、周りに迷惑をかけるからと避難所を転々として、若夫婦と一緒に避難所にいられなかった。事情があったんでしょうけれども、ご主人が奥さんを手にかけて、それで、ご自身も自死されたんですね。そういう悲劇もあったんです。ちょっといやな思い出ですけれども。折角助けてあげたのにという思いが皆さんにあったのです。

やっぱり避難所というのは、いろんな人がいるので悲劇がおきるんですね。

3　Dさん　最初の頃親戚の家を転々と

Dさんは、気仙沼市の70歳代の女性です。家が被災し、最初親戚の家に身を寄せたそうですが、親戚の家とはいえ長くはいられず、結局、親戚の家を転々とすることになりました。そして避難所に避難して、ホットしたそうです。

自衛隊が来て、炊き出しをするようになってから、食べる心配が無くなりましたが、物資はまだ不十分だったそうです。

避難所では、いろいろなことが起きたそうです。仮設住宅に当選したらイジメが始まり、また、水が配布されたがリーダーが返してしまったそうです。支援本部も何故返すのかと問いただしたそうですが、その後水が配布されることは無かったそうです。

被災当日と被災状況

最初、被災した時は仕事場におりました。仕事場は、津波が来るような場所ではなかったために、しばらくそこにとどまっていました。

しかし、やはりすぐ側まで水がきて、車が一台しかないので、この車をダメにしたんではちょっと大変だということで、仕事場には「帰ります」と言って表に出ました。

その時に初めて娘夫婦はどうしているかなと思って、娘夫婦のところに向かったら、本郷というところに住んでいたんですが、そこへ行く前に農協があってそこは結構高台で普段水がくるようなところじゃないんですけれども、もうすでにそこまでが水が来ていて、もう娘のところに行けないような状態でした。

それで、九条地区というところは高台なので、一旦そこに逃げたんですが、私の住んでいるところには行けないような状態になっていました。

自宅には帰れない状態になっていたのに、家はどうなっているんだろうと思って、一旦自宅のほうに向かったんですね。

そしたら、唐桑、気仙沼トンネル、鹿折トンネルというちょっと大きいトンネルがあるんですけれども、そこのところまで行ったら、前を走っていたバスの運転手さんが「もうこれ以上行かれないよ」ということで。あ、やっぱりダメなんだなと思って、また引き返して前に行った九条のほうに上がって行ったんですね。

親戚等の家を転々と

ちょうどその時に娘とメールで連絡がとれまして、九条の私の親戚の娘の家にいるって、で私もそこに向かったんですね。それで、その日はそこで、娘夫婦と一緒に過ごしました。

直接の親戚ではなくて、親戚の娘が嫁に行ったところですので、ちょっと遠慮はありました。娘同士は、姉妹みたいに仲良くしていましたので、そこに置かせていただいたんですけども。

そして、夕方になったらもう火事がすごかったです。もう、空とか真っ赤になって九条が見えるわけですね。こわい、本当に、こっちまで来るんじゃないかと思うような感じでした。

そして、そこの奥さんが「これは大変だ、私たちも避難しなくちゃ」と思ったんですね。そのため、私たちは「もうここには居れないよ、避難すると言っているから、出ないとダメだよ」って出たんです。

それで次に行ったのは私の従妹のところで、その従妹も、私と姉妹のように仲良くしていた従妹なんですけども。

そこは全然津波がくるようなところではないから、行ったらそこは誰もいなかったんですね、家が真っ暗で。

しばらく待ってたら帰ってきて、そうしたら「あんたたちは避難所に行きなさい」と言われたんです。

もう、本当に私は、本当に娘夫婦にも恥ずかしかったし、常に姉妹みたいに行ったり来たりしていたのに「こういうこと」を言われるのかと思って。本当にあの時は、こういう時って人の気持ちって変わるんだなと思いました。

それで、娘にも「本当にこれもいい経験だから、こういうことで、泣いちゃいけないよ」って。肝に命じて。

何故、その知り合いを訪ねたからっていうと、孫がちょっと、そろそろ1歳になるかなという頃でした。3月24日が誕生日でしたから11か月でした。その孫のために親戚の家を回ったんですね。娘婿が運転する車で市内を回りました。

気仙沼高校へ

もうこれはダメだからと考え、気仙沼高校へ行くことにしました。

最初に行ったのは大きい体育館。あの広い体育館にとりあえず入ることができたんです。その中はすごい人でした。

そこにはストーブが焚いてあったんです。3つぐらいあったかな。幸いにも、ちょっとストーブが近いかなという場所がとれて助かりました。何もなくて着の身着のままでしたから。

それで、そうこうしているうちに、娘の幼稚園のお母さん友達が連絡をとってくれて、長座布団と毛布２枚持ってきてくれたんですね。

それで孫たちを寝かせることが出来て助かったんです。あと娘夫婦は交代で車で寝たりしました。

私は着の身着のままで、座ったり横になったりして一晩すごしました。

そして、何にも無い状況でした。夕方になって、夜になっても毛布１枚も来ない。どういうことなんだ。なんで市役所は動かないのかと思っていたんです。

そうこうしているうちに、カッパ寿司さんが、酢飯が余ったのをおにぎりにしてくれて、そこにいる体育館の人に、１個ずつ渡してくれたんです。その晩はそれを食べたんです。

翌朝は、ここの地元の近所のパン屋さんが、パンを２人に１個、提供してくれたんです。

気仙沼高校を出て

そんな状況で過ごしていたんですけれど、娘婿がやっぱり子供のことを気にしていました。近くに娘婿の親戚のうちがあったんですね。そこは、市立病院の近くなのでライフラインがしっかりしていたんです。電気は来ていなかったんですけども「水道とガスは大丈夫だから、うちに来ていいよ」って言われたから「そっちに行きます」って。

私は行く立場じゃないなと思いましたけど、行くところが無いので付いて行きました。

それもやっぱり孫のために行ったんですね。私達だけだったら、そんなことはなかったんですけれども。それで、個人の家においていただいてホットはしたんですけど。

お世話になってこういうことはあれですけれど、とにかく寒かったですよね。朝から、冷たいジュースと冷たいおにぎりだった。それでも、私たちは大人だから何とか食べますけどね。子供達が可愛そうでした。それでも、これはいやだとか、冷たいから食べないとか、そういうことは言わないで食べたんですよ。

それで、そこのうちには、4日ぐらいお世話になりましたかね。

また気仙沼高校に…ホットした。

そして、ちょっと、いろいろあってここにはいれないから、出たほうがいいよってなりました。それでまた気仙沼高校に戻ることにしました。気仙沼高校に柔道場があるというのがわかって、それで、2回目は柔道場に落ち着いたところで、なんか変な話、避難所に来てなんかホットしたんです。なんとなく気持ちがね。

それで、しょうがないからここにしばらくいようということで、それから約2か月間ですね、気仙沼高校にいました。

それで、気仙沼高校では近くでお店なんかやっている方もいて、その人たちで炊き出しをやってくれたんですね。

それで、まあ、ご飯と味噌汁ぐらいは食べられました。どれぐらい続いたのかな、1週間も続いたんですかね。

避難所の人たちが、何人かで申し出て、自分達で炊き出しをするからって感じでした。炊き出しの用具なんかはあったようです。高校だったから、良くあったなあと思いました、大きな鍋とか。

食べるのは屋内ですけど、つくるのは屋外の校庭でした。

自衛隊が来て炊き出し

そうしているうちに自衛隊がきました。4、5日から1週間近くしてでしたね、その辺はちょっと記憶が曖昧ですけど。自衛隊がきて、炊き出しをしてくれるようになって食べる心配は無くなりました。

物資については、最初の頃はほとんど何もありませんでした。毛布がいくらかあって、新しい毛布がありましたけど、物資らしいものは最初はありませんでした。

生活必需品は、ティッシュペーパーとかそういうものは何もありませんでした。それでやっぱり、知り合いの家にお世話になっている時に、スーパーみたいなところで、お店を開けて売りますということで、そこに行って買ってきました。

幸いにも妹がいち早く、見舞金を送ってくれたんで、それでいくらかは持っていました。それで買える物は買いました。物資というものはしばらくありませんでしたね。食べ物はキチキチと食べるようになりましたが。

入浴は、10日以上経ってから、初めて入りました。娘婿の知り合いの方がまきで風呂を沸かすところで、田舎ですので水は止まっていないので、お風呂は使えたらしいんです。車にガソリンがいくらか残っていたので、車で行きました。

仮設住宅に当たる

それで、そのままずっと気仙沼高校にいて、仮設住宅には5月13日に入りました。

市役所から電話が入って「仮設住宅当たりました」って、当たると思っていなかったので、一瞬、エッて思ってつい「仮設住宅当たりました！」って言ったんです。

そしたら、お父さんに、「当たらない人もいるんだから、大きな声で言うんじゃない」って言われました。ああそうなんだと思って、ちょっと反省したんです。残ってた人達が１００人近くいたんですけども、うちと娘夫婦のところだけが当たったんです。

私が「当たりました！」って言ってしまったもんですから、意地悪がはじまったんです。「当たった人はサッサッと出ていけ！」って言われました。その時は、当たってもまだ入れない状況だったのですが。そうこうしているうちに、孫が泥棒扱いされて「お金盗んだんじゃないか」と言われて。その方は、何回も「お金無くなった、お金無くなった」というもんだから。その方のほうが避難所を出されてしまったんですね。

それで、本当にもう情けない思いしました。泥棒扱いされて。それも孫が。今度、小学校１年生に入る孫が「お金盗んだんじゃないか」って言われて。ねー、本当にもう。エーと、思いました。

被災時の状況

うちは3人家族でしたけど、私も夫も息子も皆バラバラに避難したんです。

被災時、夫は家にいたんです。普通だったら昼寝の時間だったんです。昼寝していたらダメだったんではないかと思います。

たまたまご近所にお通夜があって、それで、夫は出かけようと思って準備したら地震がきました。ちょっと海が見える位置でした。

家の外に出てみたら、こっちまで波が来たらしく、それであわてて喪服のまま、何も持たないで逃げたらしいです。

息子は、海の近くの造船場で働いていました。

社長さんは、自分だけパーと逃げて「お前たちは待機していろ」と言ったらしいですね。息子たちは、しばらくは会社にいたんだけども、波が引いていたのを見て、家に帰ろうかなと思って、海のほうに向かって行ったのです。

すると、魚市場の前からものすごい波がきた。あわてて引き返して、前のほうを同僚が歩いていたので「津波だぞ!」と言って、一目散に近くの高台にある神社に一目散に駆け上がって、上がったとたんに津波がバーンと足元に押し寄せた。

もう本当に危機一髪だったらしいです。後から、「社長は自分ばかり逃げて、待機していろとはどういうことだ」と、ちょっと怒ってたんです。

私は気仙沼高校にいましたし、息子はなんとか連絡がとれて、お母さんは無事でここにいるから、あんたもそこに動かないでいるようにと話しました。そして、お父さんも大丈夫らしいってわかりました。

それで、3人三様、別々に逃げました。

息子は、やっぱりさすが男の子だなと思いました。「お父さんが心配だから」と言って、野をこえ山を越えて、途中、やっぱり「どうしても一泊させて欲しい」と言って。そこで一泊して、次の日に自宅に行って、父親と会って。そこの地区の避難所でしばらく暮していました。

夫もあんまり体力仕事をしたことが無いので、だからいろいろ働かされてちょっと熱を出したらしいです。

避難所で水が配られず返された

これは、自分の具会いが悪かった時だから、避難して1か月になるかならないかの時点だったんですけど、熱を出したんですね、避難所で。

ある晩すごい高熱で、一回大きい余震がありましたよね。その時だったんですけど。電気が消えたし、水道も止まったということで、水が届けられたんです。

ところが、避難所のリーダーになっている人が、目の前に水を並べているのに、配らないいんですね。

それで、「水をくれませんか」っていうと、「ダメだ」っていうんですね。水道も使えないのに、どうしてと思いました。

本部のほうで「どうぞ」と言ってくれたものを、リーダーが「ダメだ」と言って飲ましてくれないんですね。

それで、「うちの夫は、ちょっと熱があって、医者にも水分とらないといけないと言われたもので、くれませんか」って言ったら、「はあ、じゃ、あんたは1本とったら後は終わりね」と言って、その水をいただきました。そして、じゃあ後からみんなに配るのかと思ったら、みんなに配らないで、そっくりそのまま本部に返していました。

それで、みんなは「何で配らないんだ」と、陰でジグジグ言うんですけど、本人には面と向かって言えなくて。

それで、本部のほうも「いや、どうして返すんですか」って聞いたらしいんですね。そして

「配ってください」と。それでも、とうとう水は来なかったです。そういうこともありました。びっくりしました。本当に。

幸い、夫は入院するほどにならず、回復しましたけど、熱が39度以上になっているのに、水をやらないと言われた時には、ええっと。本当にこの人はどういう人なんだと。本当にびっくりしました。

この時お医者さんがいて、一応救急車で私立病院に運んだんですけど。私立病院では「帰ってもいいよ」と戻されたんです。でも「水分はとるように」と。そしたら、その水が目に前にあっても飲めないというそういう状況でした。そうこうしているうちに、皆さんにも噂になって、本人の耳にも入ったんでしょうけど。

避難所での後半の生活

１か月後から、気仙沼高校の避難所には、結構物資がいろいろきました。食べるものも結構きて、パンとか、おにぎりとか、食べきれないほどきました。

それで「避難所に行け」と言った従妹等にあげました。ハッハッハッ。

そしたら「いいのか」と言って、もらっていいのか、どうしていいのかっていう顔していましたけど。まあ、「持っているから」と言って。

そして、お風呂はそうこうしているうちに、そちこちにいる友達が、「入りにくるように」って言ってくれました。お風呂にはちゃんと入れるようになったんです。

やっぱり私達もEさんと同じように、小さい孫が気になったんですね。そうでなければ、あわてて親戚にお願いしたりしなかったんです。そして、やっぱり、早く言えば、冷たい仕打ちというか、その目に遭いました。

避難所は、後半からは、いろいろ物資が来て良くなりましたが、太りはしなかった。やっぱりさすがの私も5キロ痩せました。自衛隊のご飯が、ちょっと食べられなかったですね。美味しくなかった。それでやっぱり痩せました。なかなか食べられなくて。

４、Ｅさん　助け合って避難所の運営を行った

気仙沼市で被災した、60歳代の男性Ｅさんが奥様と語られた体験を報告します。被災した時は自宅で友人とマージャンをしていたそうです。

避難所へ避難しましたが、地域のコミュニティからの支援は無かった。また避難所では厳しく当たった方もいましたが、避難生活を耐えたのは孫のためだったと振り返っています。

そして、約１、８００人の避難所で清掃やラジオ体操などを行い、避難所の運営に努めた方です。

被災当日　寒くてカーテンを引きちぎって

東日本大震災が発生した時は、自宅で友達とマージャンをやっていました。

老後を、それこそ、楽しく生活しようかなあと思って、自分達で毎月１回ぐらいずつ集まっていました。そして、女房を入れて丁度８人居ました。マージャン終わった後は飲み会でもしながら、ゆっくりしようかなあと思っていた。そして、お母さんたちは買い出しに行ってまし

た。そこで、地震が来たんですね。私のうちの2階でマージャンをやってましたが、ピアノが倒れることになって、これはダメだなと思って逃げました。

「逃げろ！」って、その時は。しかし「これじゃ大丈夫かな」ということで。そして、玄関先に置いていた金魚鉢の水があふれたり。金魚が金魚鉢から出たもんですから女房と二人で水を拭きました。

その後に、私が携帯ラジオをつけたら、6メートルの津波が来るということでした。その後、いつもの避難先の南気仙沼小学校へ逃げたんです。

南気仙沼小学校の3階に逃げたました。最初は「2階で大丈夫かな」と思ったんですけど、そのうちに「3階でないとダメだよ」っていうことでみんな逃げました。その時は、子供達も一緒に。

子供達といっても小学生なもんですから、一晩中泣かれました。その日は雪が降り、寒くてしょうがなかったものですから、カーテンを引きちぎって。まず、小学生の子供達へ。その日は家に帰りたくて「お父さん、お母さん」って、まあ「お母さん」っていうのが一番多いんですけど。「お母さん、お母さん」って泣かれまして、「寒い、寒い」って言われるし、それを聞くのが大変だったですね。

我々は、まあ、いつもどっかに行く時というか、温泉に行く時にと思って、持っている毛布とかは簡易バッグに詰めていました。女房がそれを持って逃げたんです。それが幸いしました。また女房が、孫のためにと思って冷蔵庫から食べ物をかき集めてですね、いつも温泉に行くバックに入れて、それを持って逃げてもらったために、その晩と実際は２日ぐらいは、孫に食べさせることができました。その晩は本当に寒かったです。

２日目と３日目　隣の人の毛布にもぐり込んで

そして、その次の日、自衛隊さんが来まして、ケー・ウエーブ（気仙沼市総合体育館）っていう総合体育館に連れられました。ケー・ウエーブの職員さんが気配りしてくれて、個室を与えてもらったんです。それは監督さんがいる部屋だったというんです。そこに住まわせてもらいました。

暖房もないし、個室なもんですから、閉じ込められた感じなもんですから、孫には一晩中泣かれました。

それで、その日、柔道場に行ったもんですから、あとは広い部屋に移って過ごさせてもらいました。孫たちも我々も寒くて。孫たちに毛布をやったので、孫たちは暖をなんとかとれたようです。

我々は何もないもんですから、ある隣組の人、丁度、毛布を持っていて、暖かく寝ているなと思ったもんですから、そこに、もぐりこんで何とか過ごさせてもらいました。その日、2日目だったんですけど、その晩はなんとかかんとか、凍死しないですみました。

それで、次の日になって、どこからか毛布がきたんですね。自衛隊さんからもらったのか、支援物資なのかわかりませんけど。それで、何とか暖をとって過ごすことが出来たのです。

それから、次の日からは、おにぎりがきましたね。おにぎりと言っても、ほんと冷たい、そして数が少ないものですから、私達が食べるよりも孫たちに食べさせました。本当にこんな経験は2度としたくないなと思いました。3日目ぐらいまで、そんな状態でした。

食事　今まで食べたことがないようなものを…

そうしているうちに、食糧が届いてきたようで、それは食べさせてもらいました。それは、今まで食べたことのない、それこそ、あの、味が濃い脂っこいものですけど、生きなきゃならないから食べてやろうと思って。そうでなかったら食べないようなものを、食べさせていただきました。食べさせてもらって感謝の気持ちが無いのは、悪いんだけど。

しばらくしたら、今度は山﨑パンから菓子パンがきて、菓子パンでもまた助けられました。パンは、子供達も孫たちも食べる。食べなかったらどうなったかと、大変な状態でしたね。

そして、そのうちに、今度は、段ボールの箱をもらったりしながら、暖を取る工夫をしました。また、間仕切りをつくったりしました。そうしているうちに、時間が過ぎて、仕切りがきたんですね。それもだいぶ過ぎてからですね。

感染症対策として清掃、そしてラジオ体操

その後、今度はノロウイルスとかインフルエンザが流行ってきました。それを、孫たちにうつらないようにするために、また、お年寄りが、り患しないようにと思いましてね。また、自分たちの住んでいるところの近くに、避難病室というようなものが出来たりしたもんですから。私達の部屋のほうには長い通路がありましたので、こっちに来ないようにと、立て看板を立ててもらったりしました。

そして、自分もこれではダメだなと思い、ノロウイルスの菌をよけるような、噴霧する消毒薬やアルコール関係のものがあったので、それを使い消毒しました。朝5時から大体6時から7時過ぎまで。

それと、日中もノロウイルスの消毒薬を塗ったり、またアルコールを塗ったりしていました。そして床の汚れを取りました。人が多いためにどうしてもほこりがいっぱいたまるんですね。それを、自分が掃除したりしていました。そうしているうちに、いい人もいて、一緒にやりましょうということが少しずつ芽生えてきました。あとは、そういうようなことをやろうと思うようになってきた。ただ、それだけではダメだから班編成をして、みんなでやるような工夫を考えて行きました。

そうしているうちに、自分が持っていたラジオがあったものですから、ラジオ体操を始めました。みんなでラジオ体操をやるようにして、それで統率を図るようにしました。それからだいぶ経過して、みなさんも落ち着いてきたようですね。そういうこともしていかないと、なかなか。勝手な人もいて。

隣の部屋で「コノヤロー」って言う人もいました。こっちの姿を見ていてうらやましくなったのかどうかわからないですけど。

本当にひどい目に遭いましたね。見てて本当に欲しくなったりしたんでしょうね。それで私にずいぶんくってかかってきたので、馬鹿でないかと。やっていることに対して羨ましいのか、わからないのだけども、自分がもっと違った形でやりたかったとか。わかりませんが。

でも、それでも自分は、避難所では頑張ってやってきたと思います、本当。そして、避難所を出る時になったら、みんなにお手伝いしてもらって、出る時は感謝されて出たようです。やったことはよかったのかな、と思っています。

地域からの支援は無かった

近所の人の協力は無かったですね。友達からは、本当、無いですね。

お金をおろせるようになってから、おろしに行った帰りのことです。それこそ自分は、着の身着のままでズーと、それこそ乞食が着るような恰好して、ぶらぶらして衣料品屋の友達のところに行ったんです。

そしたら、本当にね、あったかい部屋が見えた。あったかいものを食べて、美味しいものを食べ、またドリンクを飲んで、体力をつけていたんですね。それを見たら本当に涙が出て、涙が出て…。

ああ、こんなにいい生活していたんだよな、自分達もなあと思って。悔しさもあるし、哀れな気持ちも出るから、涙もとまらなくて…。

それで、女房の、それこそ下着を買いにいったんですけれど、その下着を帰ってきてから女房に見せたら、これはおばあさんだのがはくもんだよ、私のはくものじゃないんだからね、というもんだから、5、000円って、安かったのかどうなのかわからないんだけども、支払って帰ってきて、その後、日にちが落ち着いてきてから返してきました。

それで、被災者の立場では、バスタオル、毛布、布団の3点セットぐらいは欲しかったです。

孫のために

本当に大変な思いをしました。そうこうしているうちに、いい友達もいましてね。携帯電話の充電ができなくなってからのことです。充電器をちょうど持っていたもんですから「置いて行ってくれないか」と言って、置いていってもらいました。もう一人の友達には「下着ないか」って言ってきてね。下着を持ってるからくれるってことで。その後、11月にデコレーションケーキがあったんですね。それを持ってきてもらって、孫に食べさせたりしました。そして、部屋の子供達に分けてやったのは喜ばれました。

それと生後2か月の子供と一緒だったものですから「お風呂を貸して欲しい」と話したら、その近くの友達にもいい顔されなかったものですからね。そして、そうこうしているうちに、うちの娘が、近くの家で風呂を借りました。本当にそれには救われました。

やっぱり子供、2か月の孫、夜中には泣いてみんなには迷惑をかけるものですから。本当に我々も生きた思いはできないし。本当に。孫を生かしてやらなければいけないという気持ちが強かったもんですから。

今、本当に、いろんなことを耳にしますが、自分たちのやってきたことというのは、孫を生かすだけのことだけしか考えられませんでした。

孫を、除菌して生かすことだけ、またお互いノロウイルスとかインフルエンザにかからないようにするため。本当に2か月間、生きた思いがしませんでした。孫のところの部屋を掃除して、り患者を出さないことだけ考えてきたのかなあと思うだけですね。

自衛隊のお風呂が出来てから入浴

入浴は、1か月過ぎてからですね。自衛隊のお風呂ができてからです。自衛隊のお風呂に行ったら、入れ墨している人がいたために、あとは行かなくなりました。本当。まあそうこうしているうちに、良い人がいて「入りにきなさい」と言われてからすがる思いで入ってきて。入った時の気持ちというのは。気持ち良かったですね、本当。でも家の風呂とは絶対違ってたね。

そうこうしているうちに、ケー・ウエーブ（総合体育館）にシャワーがあったもんですから、使えるようになりシャワーを浴びました。それでもお願いしてようやく使えるようになったんです。ケー・ウエーブだって、ほんと、シャワーだって、お願いしなければなんとも使わせてもらえなかった。まあ、要は、全体的なことがあったんでしょうね。

初めはお願いされても貸せなかった理由というのは、そこはわかりますからね。でも、自衛隊の風呂が来るようになったから、ようやくケー・ウエーブでもシャワー使わせてくれたと思うんですよ。

1，800人もいるところですから。そこの館長や職員を責めるわけにはいかないんですね。1，800人のところを、見舞にくる人たちがその倍以上もきていますから、ごったがえしていますからね。本当。

誰を責めるっていうわけではないですが。その時に個性が出るっていうのは本当だね。生きなきゃならないって気持ち、わかるんだけどね。本当に、大変な思いしました。

医療チームに助けられた

私は医療チームに助けられたんです。喘息で、抗生物質1週間飲ませられました。そうしたら、ピタッと止まりましてね。いい薬が、世の中にあるものだなあと、本当に感謝しました。まあ、その時だって、私、小児喘息を持っていたものですから。小児喘息が出るんじゃないかと思うくらい、タンなどが出ましたね。

お父さんを亡くしてから、一人だけになってしまった人が夜中になって泣くんですね。それと同時に、私もそれこそ咳をしたりするし。また、他のお年寄りの人たちも咳をするからね。それで、そのような中で、私もそれ以上うつしてもいられなし、それからはと思って、夜中に抜け出て。それは、迷惑かけないようにと思ったりしたんです。

そして、今度は孫にも泣かれる、1時間、2時間ごとに。1人になった人が泣かれる。自分は体力が弱って、喘息が出てるんじゃないかって思ったりして。医療チームの人には、抗生物質をいただいたりしました。それが無ければ、また、喘息が出てしまったんじゃないかと思います。

今振り返ると、なんだったのかなあと思うだけです。あとはいろいろありました、大変な思いをしました。本当、千年に一度だか、百年に一度だか知らないけどね。何、語ったんだかわかんねえけど。まず、思い出したくないこと、思い出したね。本当。ねえ。

5　Fさん　被災して知ったこと

Fさんは岩手県大船渡市在住の60歳代の男性です。息子さんは独立して別居したため、奥様と2人暮らしをしていました。地域での人望も厚く、避難所の公民館では被災者のため、リーダーと共にリーダー的に尽力した方です。

今回の大震災では、そのような活動を通じて、人間や社会のいろいろなことを知った。それが人間として大きな学びとなったというお話です。

大船渡市のグループでのヒアリングにも出ていただいた方です。

被災当日　奥様とは3日後に会う

震災発生時には自宅にいて作業していました。

自宅は全壊で天井より高い床上4メートルの浸水です。流失はまぬがれました。家族は家内と二人で、家内はその時、陸前高田市に行っていて、お互いに連絡が取れていない状況でした。安否確認できたのは大震災から3日後でしょうか。家内が陸前高田からなんとか避難所にたどり着きました。私は歩いてでも行こうと思って出かけたところでした。

出かけて庭に出たら家内が帰ってきて、2～3分ずれていれば合わなかったし、私は陸前高田まで行って「あーやっぱりいなかった。」って帰ってきたと思います。あのときはね、家内は陸前高田の市街地に行ってたら流されただろうと思っていました。しかし、陸前高田の高いところにある施設に家内の母がいるので、そこに行っていたんです。そして、たまたま、その日は震災の時間までそこにいました。

津波の場合の避難先は、西舘公民館でした。私の家の近くの公民館です。隣の泊里地区の住民を支援する公民館だったんですが、たまたま、まとまって流されたものですから、津波が引いた後は、一次避難していた高台から碁石地区コミュニティセンターを目指して、瓦礫の中を歩いて行きました。

あの揺れですから、車で高い方に逃げようと思って車まで移動しました。家の中をチェックしてから避難しました。車でカーテレビのニュースを聞いた時に「宮城県の何々町で津波が30センチとか20センチ」というニュースが流れてきたんです。だけど「そんな馬鹿な。絶対大津波が来る。」と思って、最終的には車で高台の親戚の庭に移動しました。

その時、どう行動したかを話すと長くなりますのではしょりますけども、高台の親戚に有事に備えて、医療班だったので医療品などの準備をするよう指示をし、低い所においていた車に戻る時に、津波を見ました。

そして、「津波だ、逃げろ！津波だ、逃げろ！」と隣近所に叫びながら車に戻りました。その声が聞こえて、それであわてて家から飛び出して助かった人が数人います。私は置いていた車に戻り、高台の親戚のところに避難しました。

車を高いところに置いて、そこから津波の写真を撮り始めたんです。いきなりドーンと来た津波じゃないので、じわじわじわと来て、だからその時は恐怖を感じなかったです。

皆さんが映像で見たことのある、大きな波は知らなかったんだけども、津波は目の前に一気にきました。

大船渡市の仮設住宅

こんなことしてる場合じゃないって、高台の親戚の庭に置いてあった車に戻ったのですが、波が追っかけて来て車ごと浮かされました。でも、その庭に置いた車は、庭にフェンスがあって、津波はフェンスを越えることはなかったから、車がフェンスに引っかかってくれました。格子のフェンスでした。その時、車から脱出しました。水没したわけじゃありませんでした。ドアを開けて。津波は膝ぐらいまでの高さでした。それと引き潮の状況でした。その後の津波の写真をデジカメで撮ってあります。

その時が、津波の最高到達点でした。車を捨てて更に高台に上がって、あとは呆然と津波の猛威を眺めていました。よもやね、あそこは絶対安全と思ってた高さだった。後でわかったことですが、あそこはこ海抜15メートルの高さでした。

避難所のコミュニティセンターへ　初日から暖かいご飯と布団

それで初日から碁石地区のコミュニティセンターに行きました。そこには、避難のための備蓄というのは無いんです。ただ普段から厨房があって、厨房をつかって炊事をすることができたので、食器類などもあり、プロパンガスだったから使えたんです。

もちろん停電はしましたけど、被災しない近所では、まだ井戸水が使えるところがあって、それを汲んできて飲み水には苦労しなかった。食事は、初日は備蓄があるわけじゃないので、婦人部の女性たちが、被災しない近くの家々を食糧を供出してくれと、お願いに回って、タオル、バスタオル、寝具類もお願いしますと歩いたようです。

それで、最初の晩から、みんな布団に寝ることが出来ました。被災者自ら最初の晩からごはんを炊いて白いお米を食べました。

2日目以降の食事については、十分じゃないけどども、おにぎりではなくて普通にご飯とみそ汁とおかずを食べました。量的にはおさえながら出しましたね。行政の支援物資がくるまではやっぱり。

近隣の家とはいえども、家にある分しか在庫物資は無いわけです。だから、買い物に行けるようになるまでは、近隣の人たちも買い物難民でしたね。家の備蓄が切れて、被災者だけじゃなくて。

それで、道路が開通して、自衛隊さんの必死の努力で、やっと支援物資が届くようになったのが、4日目、5日目ぐらいかな。十分じゃなかったですけど、まあ、なんとか食べていける状況でした。お米とおかずが整ってきましたから。そこからは、どんどんどんいろいろ来ました。ただ、バランス良くということでもないけど、お米はあっても、生野菜と魚がないです。タンパク質の食べ物が無かったです。

野菜はね、その後、私の友人が盛岡で青果卸しをやっているのがいて、私の長男が盛岡にいて、日曜日ごとに定期的に乗用車一杯に積んで、預けられたんです。肉・魚類は食料品の支援物資には含まれていませんでした。そのため、タンパク質不足になりました。生鮮物は流通・保管が難しく、避難所には収容人数に応じた冷蔵・冷凍設備があるといい。

コミュニティセンターへの避難者が70人ぐらいに減った時、姉が横浜から50～70キロくらいの肉を持ってきてくれました。そして避難所で焼肉パーティをやりました。その時は嬉しくて皆で良く食べました。

保存のきくもの、米は良かった

保存のきくものでしたら、逆に、困りはしませんでした。

お米なんかはね、潤沢に来るようになって、あとで、避難所解散した時は分けました。自分達だけじゃなくて、近隣でお世話になったところ、お米提供してくれたところにお礼にまわりました。支援物資でいただきものですけど、と言って婦人部のお母さんたちが、リヤカー引いてお礼に分配してくれました。だから保存のきくものはＯＫです。

それで、買い物難民になった近くに住んでいる人にも、「キャベツ1個ずつでもいいから分けてあげて」って、そういうやりとりをしました。

1日だけですけど周辺に配りました。こっちが潤沢になって、助けてくれた人達が買い物にも行けない状況になって、そういう意味でね。

ただ、いっぱいあるから余ったからあげるととられると一番いやだから、「私の友人が、周りの人たちにもあげてということですので」と言って分けました。実際そうだったから。余っていらないくらいよこしたと、口の悪い人は平気で言いますからね。人のこころを違う風にとらえてはいけないと、そういうことがありましたね。

そうして、交代で、全て自分達でまかないをしました。それは近隣の人たち、被災しない家の人達にも声をかけて交代で来てもらって。被災者だけじゃなく近隣の仲間でまかないました。

物資　避難生活が長期化すると…

物資はね。タイミング的に3月の寒い時期が過ぎたあたり、暖かくなってきて冬物がドンドン来てね。でも、これが配るとなると、衣料品の配布は難しいんですよ。サイズがあり、もちろん男女別があり。冬物は梱包を解かないで、そのまま被災しない人の家の倉庫を借りて、解散時に仕分けしようということで保管しました。ジャンパーを着る時期ではなかった。

衣類はほとんど中古品です。それで十分なのですが下着は全て新品できました。下着が中古で洗ったからいいでしょうといってもはけないですもんね。それはちゃんと新品できました。中には、これはだいぶ経ってからですけど、だいぶというのは7月以降ですね。仮設に移ってから、匿名で、送られてきた衣料品があって。とってもはけそうも着れそうもできないような、洗濯のしていないようなものがいっぱいきた。

匿名である理由がわかった。自分がいらないものを整理するチャンスだと思って、何でもいいからよこした。開けてみると、全部若者世代の女性物、スパンコールの入った舞台衣装みたいなものから。なんだこれはと開けてみたら、なんじゃこれはとTバックだったとか。

誰かなっていうのは目星はつくけど、二度と会う人じゃないから言うことも無いのですが、ここに来た人ですよ。私と接触している人です。だから私宛できました。そういうやからもいましたね。一部にね。みんな善意の品を送ってくるなかにね。その中に、何でもいいんでしょうというような考え方をした人もいた。それを現実に見ましたね。

あとね、そうですね、衣類だとか送りやすい物は助かりましたけど。靴ね。靴はサイズがあるでしょう。後で長靴なんかも送られてきてね。その分は、まあ我慢して同じものはいていましたけどね。

衣料品関係で困ったというのは下着、老人用の紙オムツ、これは即必要でしたからね、下着は我慢したとしても。下着もドンドン来るようになったんだけどサイズがあるでしょ。あとは赤ちゃんが、避難所にはいなかったんだけど、みなし仮設に赤ちゃんがいるのがわかっても、みなし仮設の人には支援が届かないんですよ。誰がどこにいるかわからない。

だから「定期的に来て、毎日来て、情報もあるし、物資もあるから」というようにみなし仮設の被災者に呼びかけました。でも遠慮しているから、強引に持たせてやったりしました。

その中で、必死になって、赤ちゃんのミルクの配布はしました。みなし仮設に行っている人たちは動けなかったんです。そのような情報を伝える場が無かったから。弁当箱やリュックのような子供用遠足用品はありませんでしたが、避難生活が長期化するとあると良いです。

そして、グローブ、バット、ユニフォーム等、少年用のスポーツ用品が欲しくなりました。学校行事や課外活動が通常どおり行われるようになったのですが、被災した子供たちにはその用具がなかったのです。それと、ベビーカーのようなベビー用品が少なく、子供の年齢に合わせたものが欲しいと思いました。

そして、鯉のぼりをいただきましたが、被災者では立てられなかった。鯉のぼりを立てるために、自衛隊などに電話をしましたが、結局ボランティアに立ててもらいました。

県は市に物資を出しました。しかし市が受け取らない。そこで、県は被災した人も被災しない人も集めて要望した人に物資を配付しました。しかし、そのようにして給付すると言われても、被災した人は車がなく運べませんでした。そのため被災していない人が車で持って行きました。

避難所の運営　小規模で厨房設備そして隣接避難所間共助

振り返ってみると、避難所は厨房設備がある場所が良いです。避難所は体育館という考え方を改めないといけないと思います。今回の教訓から近所の公民館等が良いと思います。避難所の適正規模は100人程度が限度ではないかと思います。少人数のほうが良いと思います。大人数を収容する体育館の悲劇が無くて良いと思います。

私達の避難所では、近くの避難所として開放した2つの地区公民館と1日に3回は情報共有をして、支援物資の足りない避難所にはお互いに融通をつけるように運び助け合いました。これも小規模で、リーダーシップが取りやすかったから出来たことと思います。

また、避難所で物資を扱う人は、他の行政からの人が良いのではないかと思います。そして、早い段階で避難所と本部を繋ぐ人が欲しいです。結局、避難所の現場を把握しコーディネートする人がいないということです。それと、国・県のスタッフが現地に来て見るべきです。そして国・県が実態を知って対応を考えていただきたい。

大船渡市の場合は、末崎町のふるさとセンターというところを、大船渡市役所支部みたいな形で、職員を常駐させて、情報の窓口等をしておりました。ただそことの打合せ等は、公民館長がしておりまして、私は公民館長が不在の時に行くような状況でした。

対応は一方的なものでしたね、やりとりするという状況じゃなくて。一方的というのは支援物資、あるいは、こんなことが市にありますという情報と、市の支部であるようなふるさとセンターから、ペーパーでチラシみたいな形で流れてくるということです。それを受けるのが館長の役目としてやっていました。

その中で、私は問題と思ってましたことがありました。支援物資が順調に来るようになって、パンが来るんですね。ただ多すぎて、じゃこれ翌日また食べようというようになるわけです。ところがパンは賞味期限が短いんです。3日ぐらいしかない。それで、朝からパンというわけにはいかない。それで、昼食べるじゃないですか。それで、賞味期限を切らしたくないから、捨てたくないから、もったいないしね。パンを少なくするように考えるわけです。

お昼は、せめて物が少なくても良いようにパン、明日はラーメン、明後日はおにぎりっていうように、３日交代ぐらいにしたいのに、毎日のようにパンばかりっていやなんですよ。その、いやというよりも、どっかで廃棄してるし、どっかでは不足していると思いました。

それは白石パンでした。盛岡の白石パンは災害の時に優先的に供給するということでした。だから後で聞いたことですが、盛岡市内に、スーパーに白石パンが並んでいなかった。被災地に持ってきて、「俺は、多いって言ったにもかかわらず」と言うと、行政は、「だって上からくるから仕方がない」と言って頑張ってましたな。

「その上にいるのはあなたでしょ」って言うと、「いや私はこのとおりやっています」と。「壁に貼ってあるこのとおりに」と。「それは被災後の最大の人数でしょ」って、「今は減ってるでしょ」というやりとりをしたこともありました。

日々人は動いているのに、古い人数、把握したデータを使って配分を決めている。それをさらに送っている。大船渡のほうですが、混乱、大混乱しているのはわかりますが、でも手を打とうとしなかったということがありました。それで、ドンドン来てしまいました。そのような、人とか物資とか、数を伴うものはドンドン変化しますね。その情報の伝達の在り方、フィードバックの仕方、ここは多分、今の反省項目の中にも上がってきてないんじゃないかと思います。

被災した直後の防災をどうするかというのが話題に上がっていると思いますけど、そういう目に見えない部分、ソフト的なところも重要と思います。行政で反省とかレポート書いたりまとめたりしているけれど、それは上がっていないのではないかと思います。情報伝達ということが。

システムをつくるってほどじゃないけど、基本というか、普通に考えてみると当たりまえ。毎日、人数が変わっていますからね。

ボランティア　その目的は…

ボランティアセンターでは、殺到したボランティアをさばけず、調整がとれず支援を断ったこともあったようですが、被災者としてはボランティアは欲しかったです。しかし、ボランティアセンターにお願いしても断られるため自分で探しました。全体の瓦礫撤去が終わった後は、住める住宅の瓦礫撤去と清掃ボランティアが必要です。このようなことは、現地の状況を見てコーディネート出来る人、そして情報発信をしてくれる人がいないとうまく行きません。

また、ボランティアと一口に言ってもですね、いろんな動機づけと一概に言えない部分はあります。概して一般ボランティア募集に応じて、東京に集合して夜行バスに乗って、ここの社会福祉協議会を窓口にして、ボランティアを求めているところに派遣されるのです。そういう方たちはテレビを見て、新聞報道を見て、自分で何とかしたいと思って、熱い思いで瓦礫処理でもなんでもしますね。

しかし、いろんなボランティアが来る中で、くそ忙しいのに何しに来たんだというようなボランティアもありましたね。後でわかったことですけど、確かにボランティアなんだけど、NPOのリーダー達がですね、自分たちがこの被災地で何をしようかと、テーマ探しをしていたのがわかりました。一分たりとも、くそ忙しい中で、被災した中で、何週間といるのに、調査ですね。住民のニーズに合わせるんじゃなく、自分たちのニーズに、自分たちの活動の目的にあっているかという調査をしているということがわかるんですね。

だからあちこちでベンチが並べられましたでしょう。誰も座らないベンチ。それは、コミュニティを作るためにベンチが必要でしょうって。地域住民の被災者達のコミュニティの場づくりだと言ってるわけですが、一理あるかも知れないけど、座らないベンチづくりのために調査に来るとか。それにボランティアさんをくっつけてベンチづくりをしたいと。テーマを探しにきているんだなというのがわかりました。

それと、「被災地の方の名前を使うと活動資金がおりるので、名前を貸してください」という方が来ました、私の名前を借りたいと。「名前貸すことは結構ですが、それは何でですか」と聞いたら、「支援事業を申請するときに、被災地の人の名前が欲しい」と言う。「何をするんですか」と聞くと、「菜の花を植えたいんです」「あっ、きれいでいいですね」と言いました。「でもここは、菜の花を植える場所が無いですけど、菜の花植えてどうするんですか」と聞きました。そうすると、「菜種油を搾って、自然エネルギーを使うディーゼルエンジンの車を走らせる」という方が来ていましたっけ。

それ被災地では、今望んでいないけど。不要っていうよりも、今日、明日をどうやって生きようか、さてこれから仮設住宅にいてどうしようかと考えている時なんです。支援がなくなるけど、支援物資をどこにおこうか、仮置き場が共同であればね、そういうのをつくってくれれば大喜びするんですけど。種まいて花が咲いてきれいでしょうって言うんです。それは先でしょうって。たいていのNPOはそうです。自分たちの都合に合わせた活動目的を持っているから。

それと、外部の人たちはどんなことを考え何しているんだろうって思いました。そのため、被災してみて、興味を持って、被災地の話を聞きたいって声がかかった時は行くことにしています。

それで、ある岩手県内の市に行きました。三陸の自然と共存した復興支援というテーマでした。集まっている人達は、いわゆる自然派の活動グループのリーダーです。でも、それはわかるけど、今、自然を大事にして復興しましょうと言っている場合じゃないですし、私も自然派は大好きですし、だけどエコタウンという話をして新聞に載る。

でも、エコタウン？　田舎に暮らしているんだぞ、俺は。「エコタウンは私らはいりません。ここはエコカントリーです」って言ったんです。「エコロジーでありエコノミーであり、お金をかけないで」と。「そんなことを言う人を初めて聞きました、興味あります」って。

そして後にうちのほうに来て支援に入っている方もいます。「で、どうするんですか」って言ったら、それを「大船渡市に提案するんです」って。

「わかりますよ。そうすると市では、ありがとうございます、いろいろ考えていただいて。ただ、忙しいからそれは横においといて、現実的な仕事をしましょうと。そういう段階ですよ」と、そう言ってあげました。実際にそうでしたから。「じゃどうしたらいいですか」って聞かれると、「現地に来てください。現地見てないでしょう」って、で、次の会議も来ました。だってそれはね。普段は社会的に望ましい活動をしているんですもの。

活動資金は、ある助成金などと言う。結局は国の税金。それで良しとしてハンコ押してお金出すところは国でしょう。国のお役人さんでしょう。だけど、その内容が本当に正しいかどうか、見ていますかって。書類の文章だけでハンコ押しているんでしょう。それ以上に賢い人たち大勢いますからね。それはありました。

中にはある大学の教授もおりました。現地に来てどうしたかっていうと、被災して雑草が生えて、いろんな植物が生えている中に、「はっ、これは珍しいですね」って。そっちかよって、今、家が倒れていて、こういう状態でいるのに、なんで珍しい植物に興味ある。ほんと蹴飛ばしてやりたくなりましたね。

被災に対して、相変わらずそういう見方しかしていない。自分の興味のあることについては俺が提言する。録音しているから固有名詞は言えませんが、ある大学の教授です。

それでは、ここでいいですか。話せば一杯あって。

6　Oさん　リーダーを中心に婦人部と助け合って避難所生活を行った

Oさんは、大船渡市在住の60歳代の女性です。津波の時は、サイレンも聞こえず、放送も知らなかったのですが、津波が見えるところに家があったため、津波を見て避難しました。津波の見えない家では、わからなかっただろうと語っています。そして、リーダーが叫んでいるのを聞いて助かった人もいたそうです。

避難所のコミュニティセンターはリーダーが尽力してくれ、小さくても物資が多く不満はなかったそうです。リーダーが出来た人で婦人部も頑張ったおかげで、これといった問題は無かったと話しています。

被災当日と避難状況

被災した時は家にいました。家は流れてしまいました。それから寝るところないから、みなさんとコミュニティセンターに行きました。

コミュニティセンターで泣く人はいなかったですね。みんな流されてしまって状況がおなじだから。泣いたのは年寄りばかりでした。みんなが流れたからしょうがない。家が流れたって泣いたってどうにもならないことだし。返ってくるわけでもないしね。

あの日、家にいたのは、私と爺さん（夫）です。爺さんは、私とは別行動だったのですが夕方には再会できました。娘には3日ぐらい経って会いました。

孫はコミュニティセンターにはいなかった。2晩ぐらい小学校に泊まったのかな。2晩泊まって3日後に会いました。

津波をどうして知ったか

津波を知ったのはサイレンが鳴ったと思いますけど、はっきりした記憶は無いです。放送が鳴ったというんですけど、放送は誰も聞いていないという。

私は、外へ出て見て津波が来たのがわかって、自分で逃げました。大きな地震があれば津波が来るというのは頭へ入れていたので。小さい時からそのようにしてきたから。

地震があって、外に、玄関に出た。引き波が流れていたので、これは津波なんだなと思って逃げたんです、何も持たないで。戻らないでそのまま逃げたほうが良いんだと思いました。戻ればあの世へ行っていたと思います。

この間、何十分と語る人もいるのですが、はっきりしたところはわからないです。地震があってから津波がすぐにきたわけじゃないです。何分後かのことですけど。

近所の女の人が亡くなってね。私らみたいに津波がすぐ見えるところに家があれば、逃げられたのに。

津波が一番先に道路の低いところから来たんですね。それからだんだん上がったそうです。私が見たときは、一番下の道路の部分を通っていた。これはダメなんだなと思いました。

しかし、津波の見えない人は家のなかにいてわからなかった。そういう人は流されて死んだんだね。私らみたいに海のほうが見えればいいんだけど。山の陰になっているところに住んでいる人は、多分、わからなかったんだと思います。その人は亡くなっている。

物をとりに戻った人もいるんですが、その人も亡くなっている。私は何も持たなくてもいいから逃げようとしたんです。そういうことなんでしょうね。何かを持って、財産を持って逃げた人に亡くなってる方が多いようです。

リーダーのＦさんが高いところで叫んだんだそうですが、私のほうへは聞こえませんでした。サッチャンがＦさんの「津波キター！」と叫んだ声が聞こえて逃げたそうです。サッチャンがリーダーのＦさんのおかげで助かったって言っていました。サッチャンは写真を撮りに行っていたそうです。中学校へ津波が上がるのを見たよって。

私は小さい時から海のそばで育ってきたから、地震があって、何かあった時は逃げなければいけないと小さい時から語ってきました。

チリ地震津波の時も生きたし、それで今度で2回目ですね、大きなところでは。チリ地震津波の時、私は中学3年の時でした。修学旅行に行って帰ってきたばかりでした。そしてみな流されたんですね。命は助かったけど。その時も大きな津波でした。そんなに2回も、生まれ育った場所で大津波に合うなんて。海が見えるように家ができていたのが幸いだったですね。

私の家の土地は低い所にあったんです。でも、今回の津波では高いところの家でも流された。今度の津波は不思議な津波だそうですね。相当高いところでも流されたところは流されているようです。そして、低くても、その家の前か後ろか、何か大きなものが流れてくると、家に津波が入らない。そうすると、その家は残る。高いところでも流されたのと、低くても残っているのとあって不思議です。

避難所生活

3月11日の晩はコミュニティセンターに泊まって、その後、6月までコミュニティセンターにいて、7月の初めにここの仮設住宅にきました。

コミュニティセンターにはずいぶん大勢いました。60人分とか70人分の食事をつくっていました。そこで食べないで家に持ち帰って食べた人もいました。

そして、部落が小さいので、部落の人がみんな来て助けてくれました。

その時に、コミュニティセンターに泊まっている人ではない場合、家に帰って仕事をしなければならなかった。

半分物が流れても、家が半分残っていれば家に行って清掃をして、そしてまたお昼に来て食べていました。水もガスも使えませんでした。家が残っても結局みな停電でした。そして、コミュニティセンターへ行って、みんなでお湯をわかして、外でお湯で顔を洗ったり、そんなことをしました。そして、中にある物を洗ったりしました。

私達の避難所だったコミュニティセンターは、部落が小さいですけど、食べ物は豊富だったんです。

リーダーのFさんがどこからかなんとかしてくれたか、それもあるし、あとは自衛隊さんが持ってきました。「欲しいもの言ってください」と言ったんですね。どんなものを使うか、どんなものが欲しいかと、自衛隊さんに言えば持ってきてくれました。自衛隊さんは米とか他のものも持ってきました。ここは人数が少ないから良かったんですね。一部落と同じだから。

衣類は、1度はコミュニティセンターに来ましたが、結局コミュニティセンターで分けていられないのでどこかへ頼んだようです。それで、コミュニティセンターを解散する時に仕分け分配したんです。

リーダーのFさんと館長さんと2人でやったようです。欲しいものを選んで持って行ったようです。

私達の地域には副館長さんがいましたが、親と子が亡くなりました。爺さん婆さん（親）と、奥様と息子が亡くなり、4人亡くなっているので来なくなりました。

避難生活の後半になって洗濯機が来たのですが、固形石鹸や粉石けんがなくてね、水洗いというよりお湯があったのでお湯洗いでした。それでみんなで使いました。2台固定したかな。

いろいろ救援物資が来たけど、不要なものはありませんでした。最後には梅干しも来ました。だんだんネクタリンやグレープフルーツの果物も来ました。

余ったのはカップヌードル等。それも外国からもきました。だけど、仮設住宅に移動する時に分配しましたね。1軒でいくつとか。しかし、余っているのは外国のもの。私は1個食べて、とってもしょっぱくてダメでした。たまんなかった。

情報の入手

災害時の情報入手は、避難所のリーダーからでした。リーダーが、パソコンをやって、いろんな情報が得られたんだと思います。他ではパソコン使う人がいなかったのかどうなんだか。ここではパソコンが主でした。

でも、パソコンがあっても使えない人がいるから、いわゆる優れたリーダーのおかげで生きのびました。結局被災者が頑張ったということですね。リーダーが出るところを出てるから、頭がいいから。普通の人ではね。そこまで出来ないからね。それと、ある程度、自衛隊さんから情報が入ったんだと思います。

共助の在り方

そしていろんなものがここのコミュニティセンターにきました。ここに届いたのは、割と早かったと思います。民間へは救援物資は早くは届かないんですけれども、コミュニティセンターを避難所にしていたから早く来たのかと思います。

コミュニティセンンターは、畳になっているところと運動場のように板間になっているところと、いくつか部屋がある。ここらの部落の大きな公民館なんです。ここで寝るところもあるしね。鍋、釜等の調理器具が全部そろっている。

体育館と違って天井も高くないので、ストーブも1つで間に合いました。体育館ではいくらストーブ燃してもあったまらないそうです。結局、灯油が無いので男の人は探して歩きました。灯油缶から抜いて持ってきたんじゃないかしら、風呂へ使ってたものを。

それで、電気がないのが、それが一番大変だった。そこで、誰かが自家発電機をコミュニティセンターまで持ってきた。1週間ぐらいは停電していました。そして、大きなろうそくを買ってきて、ろうそくを立ててもらいました。大船渡のほうは活気があり、ろうそくは取り寄せたのかどうか、そこまではわからないです。

リーダーのFさんができた人でした。みんな流されて、漁協の人が先になって婦人部の人が動いてくれて、そして周辺の人から持ち寄ってもらった。お米から布団から毛布から。それは一番になければならないものです。

総じて言うと、避難生活は、これと言って問題はありませんでした。

7　Pさん　実家からみんなと一緒の避難所のコミュニティセンターへ

Pさんは大船渡市在住の60歳代の女性です。被災後は、避難所の近くの親戚の家に避難しました。３日目に陸前高田市の実家に移動し、５月まで実家にいたそうです。その頃は情報もなく、公的な支援も受けられなかったそうです。その後、避難所のコミュニティセンターに移りました。親戚たちからは、どこに来てもいいよと言われたけど、避難所へ移ることにしました。

避難所に移ってからは、みんなと一緒で楽しい避難生活を送り、避難所へ移って正解だったと思っているそうです。みんなといて、一緒に生活して、同じ経験をして、そしてその人間関係の延長で、現在の仮設住宅にいるとのことです。

被災当日

東日本大震災の地震が発生した時、門之浜海岸で妹がワカメの仕事しているので、そこに手伝いに行っていました。すぐ車で、２～３分のところの自宅に戻って、２階に避難しました。

自宅は結果的には流されましたが、地震では１つも物が落ちることもなく、完璧に大丈夫でした。

外でたまたまFさんと話をしました。Fさんが下の道路で、うちに石垣があって駐車場があって、その上に家が建っていたものですから。

Fさんと大きい地震だという話をして、テレビをつけたらもう電気がきていないという話をして、ラジオを持っていたほうがいいよねという話をしました。そして別れてから、一人暮らしのお爺さんのところへ心配して走って行ったんです。そしたら周りの人が「逃げたから」って教えてくれました。

その時にね「津波だー、逃げろー！」って声が聞こえたんですよ。それで自宅に戻って、家に犬がおりまして、犬の鎖をほどいて、一緒に自宅の2階にかけあがりました。その2階というのは、主人といつも津波が来たときはそこに逃げることにしておりました。

というのは、自宅の2階の高さは、下の避難所に行く道路の高さと比べると、道路の高さに駐車場があって、その上に1階、2階と、結局、3階くらいの高さなんですね。そのため、避難所に避難すると結構下のほうへ行くことになるからここのほうが安全だという思いでした。今まで津波がこなかったのですが、2階にいて津波が来まして、まともに船が流されてきたり、家が流されてきたり、車が流されたり、あとは自分の家の母屋にドンと入ったのを見ました。

その後はね、目をつぶっていたと思うんですね。その後は全然わかりません。ただ、すごい音とともに頭から何回も津波をかぶりまして、本当に死ぬかと思いました。それで苦しくなって顔を上げたりとかしました。それでも犬の首輪は離さなかったですね。

そして、少しずつ水が引けていくので、よかったなと思って見た時に、屋根の一番高いところ、天井よりも上がって、丁度天井裏の空間にいました。偶然にも、棟札があるところでした。結局家はですね、私はそうは思わなかったんですけど、100メートル近く流されてました。海の反対方向で、大きい道路の角のところといったらいいのか、丁度はまったんですね。三角のところに私がいた2階の部分がはまって。そこで動かなくなったんですね、だから周りの家とかに巻き込まれないでそこでとどまったんですね。それで電柱もあったりして、それでおかげ様で助かった。引き波なんかに持っていかれなかった。

そして気が付いた時は、下敷きになっていました。タタミとか瓦礫で体が動かなくなって、そして、犬も。

しばらくしてから、男の人の声がしたんです。

私はよくわからなかったけれど、近所の姪っこを捜して心配して声をかけている方がいました。私は流されて瓦礫となった家の中で、長い棒きれを探していたんですよ、助けてもらおうとして「助けてください、助けてください」と言っていました。そうしたら来てくれて。「俺一人ではどうもならないから、今、みな連れてくるから、待っていろよ」と言われました。その後、婦警さんが来て「Tさん、Tさん」と言ったんです。それで「私はWです」と言ったんです。私はTさんの家のところまで流されていたんですね。

それで、本当にいいことには、警察の方とか消防の方とか、それから道路の工事をしていた方が、丁度私が流されたあたりで、瓦礫の山で道路が通れなくなっていて、そして集まっていたので、その方に助けてもらえました。幸いでした。

その時には、防災無線がいろんな放送していたのを、瓦礫の中で聞いていました。引き潮が始まりましたとか、第何波が来ましたとか。その中で私は、どうやったら動くのかなとか、足の先は動くから骨は折れてないかなと。なんか変に冷静で、自分でもね、今思うと。

そうしてですね、皆さん来てくださって、畳を切ったり、木を切ったりとか、手動ですから。2時間は5時半ごろになりましたかね、助けていただいたのは。3時半ごろ津波ですから。2時間ぐらいかかりましたね。その時は腰から下の感覚は無くなっていましたしね。寒くて、口がカチカチとなっていました。

家族と避難生活

家族は、主人は大丈夫でした。その後、初日は親戚、叔父のところに行きました。すぐ避難所のそばですから。そして、全部びしょ濡れだったので全部着替えをさせてもらって、皆さんの服を着せてもらって、湯たんぽとあのホッカイロがあって、それで落ち着きました。

その時に、防災組織の中で、看護婦さんをしていた方達が、訪ねてきました。私が流されてびしょ濡れになったと聞いたんですね。それで診てくれて、大丈夫と思っていても、外傷が少しあったですね。傷は多くなかったんですけど「破傷風が心配だから、いずれ病院に行くように」と、そして「今は大丈夫でもオシッコが出ないのは困るから」と指導を受けました。そして「救急車は手配したけどこれないよ」と言われました。そしてだんだん落ち着きました。ただ後で見たら、足首などに傷がありました。

そして、２日間はそこにおりました。３日目に道路が通れそうだということで、陸前高田市の実家に主人に送ってもらいました。

しかし、うちの主人はコミュニティセンターを離れられないから、すぐにトンボ帰りしましたけど、私は５月いっぱい実家におりました。

実家は、避難所のコミュニティセンターよりも元気はないし、電気はないし、テレビも見られないし、新聞はいつごろ来たんだろう。

だから、欲しいものの話など、私は知らないでいました。コミュニティセンターでは、雨の時は外へ出るなとか、いろいろと注意があったようですけど。

実家は竹駒という、竹駒神社などがある地区です。それで、まさかと思ったんですけど気仙川をのぞいてみました。そうしたら、うちの近くでだいぶ遺体が上がりました。

実家のほうでは、すぐにではなかったんですけれど、調査をしていました。どこからの人が来ていたとか。地元の班長さんが先になって来ていました。

そして何日かしたら、公民館で支援物資、例えばお米がお茶碗で一杯とか、そういう配給を受けました。一日、茶碗1杯のお米ね。そして菓子パン2個とか、そういう配給がありました。直ぐにではなかったですけどね。

ペット飼っている人というのは、どこでも行きにくいことはありました。結局、犬とともにいたわけです。最初、猫の餌をもらいました。でも犬は食いしん坊だから、猫の餌でも食べました。

そして、実家に行って、ご飯を食べたことは無かったですけど、何でも食べました。それで近所の人でもらえる立場の人がいたから、「町のほうに行って、何か調達出来たら買ってこれるけど、何買って欲しい」といわれたときにね、「犬の餌欲しい」と言って。あとで、「えー、人が困ってるのに言うんじゃなかった」と反省しました。けど切実でした。「悪かったなあ、言わなきゃよかったなあ」と思いました。もちろん「無い」って言われましたけど。

そして、母のものとか、それこそ下着とか全部ね、あとはね着る物、私は内陸のほうに妹がいたり娘がいて、それらは、実家からいただきました。公的には来なかったです。

でも、実家は農家で食べるくらいの農業はしているので、その時は農家っていいもんだなと。野菜でも大根でも白菜でも、米はあるし、明日から食べるものが無いということではなくてね。

しかし、今まで水道はダメ、自家用の井戸もあったんだけど電気でポンプアップしているからそれもダメ、それで、１００円ショップのバケツを竹にぶら下げて井戸から汲んだりしました。結局ダメで給水車からお水をいただきました。

電気で不便になった以外は、とりあえずの避難生活は、実家の農家で大丈夫でした。そうそう、お湯をわかすのにも、大きい昔の釜がありました。しかし私達は使い方もわからないから「どうやってやるの」と聞いたり、いろんなことを聞いてましたね。

その間、主人は避難所のコミュニティセンターに居ました。

みんなと一緒のコミュニティセンターへ

私は6月1日にコミュニティセンターに来まして、避難所でみんなと一緒に暮らしました。みんなと一緒に寝たり起きたり、ご飯をつくったりして過ごしました。でもそれは仮設住宅に入居する前の段階としては正解だったなと思います。

実家では「こっちにいるほうが楽なんだから、本当の話、移ってから行ってもいいんじゃないか」っていう。そういう話もあったんだけど、やっぱりみんなと一緒に苦労することもしないと。仮設住宅に来ての生活もやっぱり、そこのつながりというか延長なんですよね。うん。私にはこっちの親戚一杯います。そして親戚から「あんた好きなところでいいから、みんなどこでも待ってるから」って言われたんだけど、私は皆と同じ避難所を選びました。だって、みんないるし、そして食べるものもみんなでつくってね。やっぱりね、みんな困った時に私がポット入っても。

私は盛岡で長く暮らしていたので、地域の人たちにあまり親しい人はいなかったんですね。それがやっぱりこういうことで、毎日、親しくなって　大きな顔して騒いでいます。だから、あはははは…。ものも何もなくて、みな同じ。条件同じですから。

夕べ、高台に行く人達でね、どこへ家をつくるかという抽選会があったんですけど、またも

「このまま仲良く頑張って行こうね」と。

本当ね一番いいと思います。何も立派なことはなく、ただただ、それだけなんです。中にはね、いろいろ主張する方もいたりしますが、その人はその人。でも良かったのは、喧嘩もすることなく送れたことと思っています。みんな知っているから、いらぬ気遣いしなくても、あの人こうだっけと。みんな知ってるからと思うんです。

みんなで、山を造成して、そこに行くことになりました。まあ私たちも、娘たちが来るかどうかわからないから。そして、高い防潮堤ができたりするそうです。「そういうのができれば、今のところに建てても大丈夫だね」というんですけど。やっぱり、津波注意報でも、残った人たちも避難をする、だから安心して高台へね。年金生活なので、家を建てるなんて思わなかったけど。まずそれはそれとして。

仮設住宅に移ってから

7月1日にここの仮設住宅に入りました。ここら辺で、一番最後でしたね。20日くらいだったかな、みんなで炊き出しして、当番制にして、ご飯食べて、それを最後の日までやりましたから、40～50食ぐらいつくりました。

8　Qさん　周りの共助による避難生活

Qさんは大船渡市在住の80歳代の女性です。職場で仕事をしていた時に地震がきました。揺れが収まってから、家にいる夫が心配で家に帰ると、駐車場は流され車も無く、あきらめて家に入ると、家の中には津波をかぶった夫がいたそうです。

最初はコミュニティセンターに避難しました。その後公民館に移り、またコミュニティセンターに戻りました。避難所は、他の部落の人が入らず自分達だけなので良かったそうです。救援物資は最初は大変でしたが徐々に集まってきたそうです。救援物資でいらないというものは無かったそうです。ボランティアが来てやってくれたというのではなく、リーダーや婦人部が頑張りうまくやってくれたと思う、というそのようなお話です。

被災当日

被災した時はここの部落の、三十刈っていうところにワカメの仕事に行っていました。この辺では個人でワカメ養殖をしている方がいて、その一人のところにいました。

ちょうど3時のお茶の時間になるので、お茶にしようと言っていた時に大きな大きな地震がきました。

それで小屋の中にいられなくてみんな庭に出ました。そして、地震がおさまるまで庭にいました。そして、地震がおさまったので、私の夫が一人で家にいたので「心配だから、帰ります」と言って帰ってきました。

そして、帰ってきて、ちょっと泊里の下にお魚屋さんがあるんですけど、その日はその坂を上って帰ってきて、丁度、坂の高いところに上がった時津波が来ました。

熊野神社のところですけど、そこの下に本家があって、そのところまで来たらすごい大きな音がしました。漁協と農協があって、道路の淵に水路が流れていて、その水路から2メートルぐらい音とともに水が噴き上げました。見たら津波だった。みんな放送を聞いたと言うんですけど私は聞かなかったんです。

ワカメの仕事をして庭に避難した時、そこの家のお父さんから、ラジオのスイッチを入れたら「宮城県沖で6メートルぐらいの津波が来るって言ってました」と聞きました。ラジオで聞いてそのまま自宅に帰って来る途中だったんです。小さな水路ですけど、鉄板の隙間から2mぐらいの高さまで水が噴き上げたんです。すごい音がして、ゴーって音がしたから。何でこんな音がするかなと思って見たら、その時既に津波が入ってきていたんですね。

そして、海岸のほうに向いて古い家が1軒あったんです。それが、一番先に流されて、それを見て大きな津波が来ると思って、家はすぐそこなんですけど、爺さん（夫）が家にいたので心配でした。そしたら、もうすでにその時は私の家の辺りはほとんどみな津波に呑まれてしまいました。

私の孫はその日は会社を休み家にいたので、自宅に戻り駐車場に下がって見たら孫の車もなく、探してもいないから流されてしまったのかと思って、あきらめて家に入ったら、爺ちゃんがここまで水にかぶってしまって「家の中に津波が全部入ってしまった」と言って、そして「すっかり濡れてしまって、寒くてたまらね、寒くてたまらね」と言ってました。

なんせ、1階はもう全部天井まで水があがってしまったので着るものも何もないので、長屋の2階の孫の部屋に上がって何か着るものがないか探しました。1階の脱衣所のところから2階の階段まで全部瓦礫が入ってしまって、2階に上がられないような状態だったんです。

それでも冷え切ってしまって爺ちゃんが「寒い、寒い」と言うので、このままにしておかれないと思って、無理やり2階に上がって、孫の着る物が1、2枚あったので、それを持ってきて着替えさせて、あとはコミュニティセンターに避難しました。

その時津波は引いている状況でした。でもまだ水が家の中を流れていました。流れている音がしていました。

地震がおさまったので、大きな地震だったので爺ちゃんは最初は孫と一緒に外に出たそうです。そして、家に入って中の片付けものしようかなと思って、神社のほうから下がってきて家の中へ入って、玄関の戸を閉めたらすぐに津波が入ったそうです。山際の神社と反対側の道路のほうから津波が入ってしまったらしいです。だから、玄関の戸を開けたままだったら、爺ちゃんも多分流されたと思うんです。

うちの爺ちゃんは「うちは道路からちょっと高いから、絶対津波が来ない。うちが流されるようだったら周りの家ほとんど無いよ」と言って、自分は安心して「地震が収まったから」と言って家に帰ったと思います。

それで、家に入って玄関締めて、まあ片付けをしようかなと思ったら津波が来たらしくて、すっかり頭から全部津波をかぶっていました。家自体は流されなかったですけど。下のほうから見れば高いのですが。神社のある森の山裾のところです。だから、いつも安心して「津波は来ないから、来ないから」と言っていました。

そして、孫もこの鉄塔のところに避難したそうです。津波が道路から丁度駐車場にきて、エンジンをかけたら津波が入ってきたそうです。それで、そこまで来たら車では逃げられないと思ったら、どこか上から軽トラックが1台来て「あんちゃん早く乗れ、乗れ」と言われて乗せられて、そして、ここを上ってそこの高いところへ避難したらしいです。私は、そのようなことを知らないものですから、てっきり流されたものだと思って探したんです。

私が、爺ちゃんを着替えさせて、もう孫はあきらめました。そして、爺ちゃんが「寒くてたまらね」って言うから、着替えさせていたら、玄関のところで「婆ちゃん、婆ちゃん」という孫の声がしました。その時、生きてたんだとわかり、良かったです。

そして、その子の母親は大船渡のほうにいたので、今度はそっちのほうが心配になったんです。連絡もとれなくて、その日は一晩中携帯電話に連絡したのですけど連絡がつかなくて、探しに行きたくても、その時は、道路もみな切断されて探しにも行けませんでした。そして、亡くなってしまったのかなと思っていたら、次の日の夕方に、一緒に働いていた人が「一緒に避難して、県立病院に避難してました」と言われたので、その時、「アーみんな助かったんだなー」と思ってホットしました。

それと、息子は東京のほうに仕事に行っていたので、大震災の時はもちろんここにはいませんでした。もう一人の孫も東京のほうに務めているので家にいたのは私と爺ちゃんと孫です。

本当、みんな紙一重で命が助かったような状態でした。神様、うちだけは助かりました。

コミュニティセンターの避難所で

コミュニティセンターでは、お陰様でそんなに食べ物には困るっていうことはなかったです。近所では、少しずつでもみんな自分達の食べる分の畑仕事をしているので、ある物はみんなで持ち寄って、あとは、地元の同じ部落ですけれど、地元の人が、こっちの山根方面へ行って、いただいたりしてきました。そのうちにいろんなところから入ってきました。

Ｆさんにも大変お世話かけました。一生懸命していただきました。

１度はコミュニティセンターから碁石公民館のほうに移動したんです。全員で移動しましたが、碁石公民館は泊里地区の人達の避難所とし、私達の地域の人達はコミュニティセンターに戻りました。

最初の晩はコミュニティセンターに避難して、そして次の日だったと思います。一応「碁石の公民館にみんな移動するように」と言われたんですよ。そして、そこへ行って、その日のうちにまたこっちのほうへもどってきました。なにせ、この地区の被災した人たちが全部集まってしまったので入らなかったんです。碁石地区では大きい公民館ですけど、全員あそこへ行って生活するのは、もう狭くてとっても無理でした。

座れば動きとれない状態になってしまったので、多分、館長さん達か誰か、「もう一回コミュニティセンターに戻ったほうがいい」なんていうので、西舘地区の人たちが全部コミュニティセンターに戻ったんですよ。そしてあとはずっとそのまんま。この西舘だけの人達だけで過ごしました。

しかし、それは幸いでした。他の部落の人達が入ってこなかったので、私たち西舘地区の被災者だけで生活しました。その点では恵まれたのではないかと思っていました。

すぐこっちから、神社あったでしょう、熊野神社。あそこのせきから海岸のほうが泊里地区となっているんです。そして、その坂を上ったところが碁石地区。そして、左側のほうの奥のほうが三十刈地区です。こっちの見えるとこが山根地区なんです。

不要な救援物資は無かった

救援物資では、いらないというものはほとんど無かったと思います。最初はもう顔を洗うタオルもないし、もちろん水もないし、もちろん電気もないし。山根のほうからタオルをいただいてきて、そして二人で1本ぐらいの感じで、顔を洗って拭く程度でした。あとはだんだんと物資が入ってきました。いらないなんていうものはほとんど無かったと思います。もう着るものなども、全部たとえうちみたいに流されなくても、もう使いものになるような状態ではなかったです。皆さんからいただいたもので過ごさしていただきました。

私たちは、みな上の人たちにまかせていたもので。そのようにして、みんな良くして、上の人達が良くしてくれたので、あまりこれという問題は発生しないで、よその地区から見れば、結構、楽に過ごさせていただいたと思います。

小学校に避難した人たちは、皆、大変な思いをしたみたいですけれど。

リーダーとボランティア

リーダーの方々がうまくやってくれました。そして、館長さんも一生懸命でした。別にボランティアが来てやってくれたというわけじゃなくて、婦人部の方々が、みんな若い人たちが一生懸命に頑張ってくれました。

ボランティアは、食事などの支度には来ませんでした。少し落ち着いてから、コーヒー屋さんかなんかが、ケーキをつくってきてくれました。コーヒーもコミュニティセンターで入れてもらいました。それは、地元の人たちではなく、多分リーダーの盛岡の知り合いだと思うんです。盛岡から来てくれました。そして、いろいろとやってくれました。

だんだん落ち着いてきてから、いろんなところから支援していただき、物資も食べ物もだいぶ増えてきました。不自由しないくらい入ってきました。結局、食べ物は不自由しませんでした。

水は相模原のほうからだいぶ大きな給水車が入ってきました。相模原ナンバーの車でした。あとはうちらが飲むボトルなんかの水はね、タクシーなんかで入って来ることもありました。

仮設住宅に入ってから

仮設住宅に入ってからも、そんなに、不自由しているということはありません。物資なんかもチョコチョコ来ています。そうですね、婦人部の人たちが一番大変な思いをしました。婦人部の部長さんが、本当に食事の世話からいろいろとやってくれました。今いれば、いろんな状況の話がきけたんですけどね。

やっぱり公民館単位で地区が一つにまとまっているから、婦人部の方々もまとまってやりやすかったということですね。これがいろいろと地区がまざっていると、いろいろと大変な問題が出たと思うんです。西舘地区は、そういうことがなくてずいぶんまとまっていました。今でも、仮設住宅へきてもみんないろいろやっています。

西舘地区では津波で１軒の家で４人もの家族が亡くなった家があります。そういった面では、町会の部落の中の幹部の人たちは大丈夫だったということなんです。それが良かったということなんでしょうね。婦人部の部長は苦労しました。

今でも、高台移転になるんですけど、館長さんが一生懸命ご苦労されてました。移るところはすぐそこなんです。コミュニティセンターより高いところなんですけども。

そうですね、振り返ってみるとあのときは夢中で過ごしていました。被災地と言っても、それほど問題は無かったように思います。それは、周りの方々の協力のおかげということですね。基本的にはそうですね。

9　Rさん　バラバラに避難した家族がコミュニティセンターで安否の確認

Rさんは大船渡市在住の40歳代の女性です。職場で仕事をしていた時に地震がきました。会社は大丈夫だったのですけれど、家は流されました。Rさんは近くの病院に避難し、そして避難所のリアスホールに移動することになりました。子供はそのまま学校に避難し、夫は実家に避難しました。家にいた父と母は高台に避難しました。そして3日頃してからコミュニティセンターに移った時に家族の安否を確認しました。

被災当日

被災当日、私は会社にいました。そして仕事中でした。津波で会社は大丈夫でしたけど、家は流されました。そして子供は学校にいましたので、無事でした。じいちゃんとばあちゃんは家にいたのですが、逃げました。なんか、ばあちゃんは津波で船が流されてくるのを見て、あわてて逃げたとのことです。そして、無事に高台に避難しました。近くに神社のあったところです。

最初、私は病院に避難しました。そのあと、リアスホールに移動してくださいと言われて、リアスホールに行きました。

お父さんはお父さんの実家へ行きました。そして、子供たちは学校にいたのでその日一晩は学校にいきました。

2~3日目

翌日、お父さんが、子供たちを学校から実家に連れてきました。そして、子供たちはお父さんの実家に泊ることになりました。しかし、食事は避難所でいただきました。その後、お父さんの実家で寝泊まりして、食事は避難所でいただくようになりました。

おじいちゃんとおばあちゃんも避難所で暮らしました。避難所では寝具は大丈夫でした。

私はリアスホールでしたが、最初は寒くて寒くて寝られませんでした。避難所は最初の日は、良くわかりません。リアスホールは、最初は寝具がほとんどありませんでした。毛布もありませんでした。多分近くの人達が布団を提供したようです。

また食事もなく、リアスホールではお年寄りも子供も、最初の日は食べませんでした。

2日目はおにぎりを食べることが出来ました。

水は初日は出ませんでした。ペットボトルのお茶ですね。飲み物も、食事も初日はとれず2日目からでした。ただ、雪が降って寒かったので水も飲む気はありませんでした。おにぎりが出たのですが、周辺の方々と思いますが、誰が提供してくれたのかわかりませんでした。

そして、3日程してから、コミュニティセンターへ行きました。コミュニティセンターでは炊事ができるので、食事ができるようになりました。

周辺の方々からは米や野菜をいただき十分な食事ができるようになりました。

振り返ると安否が確認できたのは、コミュニティセンターに来てからでした。携帯電話が使えなかったからです。子供は2日目に学校に行って小学校に泊まり、あとはお父さんと一緒にいたと聞き、おじいちゃんとおばあちゃんは3日目頃にコミュニティセンターに行って安否が確認できました。

避難所生活

救援物資はいろいろ送られてきて、送られてきたものはなんでも助かりました。衣類もたくさん送られてきました。救援物資は近隣の方々からも、また遠くの方々からも送られてきました。

ミルクも送られてきましたが、ミルクは余りました。

瓦礫処理とかは皆でやりました。特にボランティアにやっていただいたというのは無かったように思います。

ただ、食事は、さんさんの会からもいただきました。さんさんの会というのは、地元のボランティアグループのようでした。地元のボランティアの方はたくさんいて避難所で活動していただいたように思います。

いずれにしろ、コミュニティセンターに行ってからは、避難生活にそんなに問題はありませんでした。

関連する情報もテレビとかラジオで得ることができました。

お風呂は、最初は入れませんでしたが、１週間以上経ってから、日頃市町という離れたところにある五葉温泉に、最初は皆でバスで連れていってもらいました。数字の五に葉っぱです。ちょっと遠かったです。

そして、しばらくしてから近くの碁石地区の海の楽しい荘と書きますが、海楽荘という旅館でお風呂を解放してくれました。それは碁石地区にあり近くて助かりました。

避難所ではいろいろ行事がありました。リアスホールでもそうですがコミュニティセンターにも芸能人の方がきました。学校にもいっぱい来ていました。仮設住宅に入ってからは川中美幸さんがきました。

仮設住宅

仮設住宅に入ったのは6月の末です。仮設住宅に入ってからは問題はありませんでした。仮設住宅の建物は、わりと良いほうじゃないかと思います。

第3章　より良い共助社会創造に向けて

東日本大震災では、被災者は置かれた環境に不満も言わず辛抱強かった、騒がず混乱もなく、一列に並び支援物資を得た、というように東北人の人間性の側面が強調され、被災者の見本のような人間性が紹介されました。このような状況から、その後の避難生活においてもお互いに助け合って生活しているのだろうと思ってきました。

しかし、これまで見てきたように、地域コミュニティからの共助が機能し、避難生活がお互いに助け合いうまく行った地区もありましたが、地域コミュニティからの共助が機能していなかった地区もありました。

そのような状況はなかなか報道されず表に出てくることはありませんでした。地域コミュニティが希薄な都会とは異なり地域コミュニティが良好と思われる東北でも、必ずしも共助が機能するような状況ではありませんでした。

振り返ってみて、今回の東日本大震災での状況を繰り返してはならない、そのような思いを強くしました。

ここでは、そのような反省の上に立ち、これまでのヒアリングから得られた提案と課題を整理したいと思います。そして、困った時には助け合うという精神が、社会の中で息づく共助社会を創造するための指針を探りたいと思います。

なお、本章をまとめるに当たって、共助のテーマとは直接的には関連するものではないものもありますが、これからの避難所の在り方として重要と思われる意見もあり、最後にそれらについても収めました。

1　3日間は食糧や物資の支援国が保証すれば共助は機能する！

発災後、緊急的に必要な支援は食糧や毛布です。

特に、今回の東日本大震災のような津波にあっては、自助のために備蓄してきた3日分の食糧は流され、そして、公助として蓄えてきた備蓄も流され何も無くなりました。

津波によって全て流された
（東日本大震災での陸前高田市）

また、今回のような津波ではなくても、１９９５年に発生した阪神・淡路大震災における長田区のように、二次災害により地域周辺が焼野原となるような延焼火災にあっても、自助として備蓄してきた3日分の食糧や公助として備蓄してきた物資は焼失してしまいました。

つまり、大震災発災直後の数日間は、自助や公助という備えとしての備蓄も失われ、自助や公助の無い状況になってしまいます。そして、遠方からの支援物資のような共助には時間がかかるため、頼ることが出来るのは所属する地域コミュニティによる共助しかなくなってしまいます。

しかし、これまで見てきたように、東日本大震災では、地域から支援を受けた地区もありましたが、3日間食べられなかったという報告があったように地域からの支援がなかった地区もありました。

火災により全て灰になった
（阪神・淡路大震災での神戸市長田区）

考えてみますと、被災していない地域コミュニティからの食糧や物資の支援にも限界があります。被災していないとはいえ、地域の経済は低下しています。在庫は、今ある分だけしかなく、いつ公助が来るのかわかりません。周辺の店では商品が無くなり、買い物難民という言葉が流れます。そのような状況下ですと、被災しなかった方々も、いつまで支援を続ければ良いのか先が見えません。そして自らも買い物難民になるかも知れないという不安もあります。

そういう中で、気仙沼市で、毛布の支援を求めに行ったが戸を閉められたことや、今回は取り上げませんでしたが、電気を消して声を潜め居留守を装われたこと、そのようなことも理解できます。

このような状況を見ると、被災していない地域住民には公助に対する明確な信頼が無いということが見て取れます。

もしここで、「自衛隊は必ず4日目には来ます!」そして、「食糧と毛布は4日目からは心配ありません!」と国が保証し、費やした食糧や物資について後日補償しますと宣言するならば、地域コミュニティの住民は、「よし、3日間は被災者のために頑張ろう!」と食糧や毛布の支援に頑張れるのではないかと思います。

自衛隊が必ず4日目に来るならば

「国が保証するならば、共助は機能する！」ということと思います。

そのようなことも考慮し、地域コミュニティからの食糧や物資の支援は、期間を定めて自衛隊が支援を開始するまでの３日間程度に集中的に行うようにします。

つまり、一般的に「自助として３日分の備蓄」と言われているように、地域コミュニティでは「自助に加えて共助として３日間は食糧や物資の支援を集中的に行う」。そして「その後、自衛隊による公助やボランティア活動が始まったならば、地域コミュニティの共助は徐々に負担の少ない炊き出しや瓦礫の片付けや清掃等の労働奉仕へと移行する」ことを提案したいと思います。

このように考えるならば、被災していない方々の支援の在り方も定まり、そして食糧や毛布等の経済的負担にも目安が立ちます。

ここで、災害対策基本法ではどうなっているのか見たいと思います。第５節に「被災者の保護」があり「避難所における生活環境の整備等」の第86条の６では次のようになっています。

第86条の６　災害応急対策責任者は、災害が発生したときは、法令又は防災計画の定めるところにより、遅滞なく、避難所を供与するとともに、当該避難所に係る必要な安全性及び良好な居住性の確保、当該避難所における食糧、衣料、医薬品その他の生活関連物資の配布及び保健医療サービスの提供その他避難所に滞在する被災者の生活環境の整備に必要な措置を講ずるよう努めなければならない。

これを見ると、「…遅滞なく…」とあります。遅滞なくという趣旨は理解できるのですが、具体的に期間を示しているわけではなく、ここが、被災者にとって、また支援したい被災していない方々にとっても目処がつかないところです。そのため、食糧、衣料、医薬品その他の生活関連物資については、国の努力目標でも良いと思いますが、「4日目には配布」というように明確にすることを提案したいと思います。

共助が機能するにはルールが必要です。

2 隣接避難所間共助

大震災が発生すると、避難所間では不平等が発生します。これはいつも繰り返されてきた避難所の実態です。

東日本大震災でも避難所間における食糧や物資の不平等が見られました。気仙沼市では、マスコミが取材した市の中心的な避難所には多くの物資が集まりましたが、道路を隔てた隣の避難所では３日間食べ物や毛布がなかったという実態が報告されました。

このような状況は、大震災直後の混乱期だからしょうがないという面もありますが、凍死という報告もあり改善されなければなりません！

発災直後から、食糧や物資が平等に配分されるわけではありません。ましてや避難所へ直接送られてくる物資もあります。こういう面では、早くからマスコミに取り上げられた避難所に物資が集中することは避けられないことです。行政が避難者数を把握して、避難所へ配分する物資をコントロールするためには時間が必要です。そのようなことができるようになるのは、発災直後の混乱期が過ぎてからです。

ここで問題となるのは、発災直後の３日間の避難所間における食糧や毛布の不平等をどうするかです。今回は初日から暖かい食事を得られた避難所もあれば、３日間は食事もなく水もなめる程度だった隣接の避難所もあります。そして、雪も降り、凍死した方もいると聞きます。

そのような問題解決のため、ここでは隣接避難所間共助を提案したいと思います。

大船渡市の碁石地区では、コミュニティセンター同士が、毎日３回情報を共有し、食糧や物資を調整しました。避難所がコミュニティセンターで、それぞれ顔見知りの集落単位の収容となり、収容者数が100人程度と規模が小さかったので、リーダーによるリーダーシップが発揮され小回りのきく運営が出来たことが良かったのかと思います。そういう面からは、複数の町会が入っている大規模避難所の場合が問題になります。

初日から3日間は、発災直後の混乱期です。初日に避難所に避難したとしても、2日目や3日目には自宅に帰る人や、実家や親戚の家に変更する人もいて避難者の数は減少します。また、その時リーダーだった避難者も家に帰る場合もあります。そのように人の出入りが多く安定しない時期に、状況を把握するのは困難と思われますが、自衛隊が来て安定するまでは、被災者に食糧や物資が平等に行きわたるように調整することを目標にしたいと思います。

小規模な避難所では、大船渡市で避難者自らが調整した例があったように、自治会のなすべきこととして位置づけることは出来ると思います。しかし、大規模避難所で複数の自治会が入っている場合は、自治会のなすべきこととして位置付けるには無理があります。そのため、行政主導で調整をするべきです。

このような隣接避難所間共助を、避難所のなすべきこととして位置づけ、行政主導で、避難所間の状況を把握し、お互いに助け合うことを課題にしたいと思います。

3　これからの「自助」「共助」「公助」の時系列的展開

「自助」「共助」「公助」を時系列的に整理したいと思います、整理するに当たり、ここでは目安として、発災後から3日間、次に自衛隊による公助が開始されまた救援物資やボランティが来る4日目から仮設住宅に入居する前の避難所生活の期間（4日～6か月程度）、そして仮設住宅に入居してからの期間に分けて整理します。

また、整理は、わかりやすく、通常の震災の場合と大震災の場合に分けて比較しました。

ここでの、通常の震災の場合とは、自助と公助による食糧や物資の備蓄が有効な場合のことです。そして、大震災の場合とは、自助と公助による食糧や物資の備蓄が無くなってしまった場合のことです。それぞれの違いは、発災後から3日間の状況です。

そして、表作成の都合もあり、地域コミュニティにおける共助を「近助」とし、遠方からの支援物資やボランティアによる共助を「遠助」としました。

また、公助には「自衛隊による支援」とありますが、食糧や物資は自衛隊が常時所有しているものではなく、被災した自治体が被災していない自治体から食糧や物資を集めて、自衛隊が運搬や炊き出し等を行うことです。

そして、前述した隣接避難所間共助は、自衛隊による公助が開始される前の発災後から3日間としていますが、これも目安です。

これまで述べてきたことを整理すると、**表1―1**（通常の震災時）と**表1―2**（大震災時）のようになります。

通常の震災の場合、被災者は発災後から3日間、最低、自助と公助による備蓄及び隣接避難所間共助で頑張れば、4日目以後は自衛隊による公助や遠方からの救援物資の共助が始まります。地域の被災していない方々は、共助として発災から3日間は食糧や物資の支援を行いますが備蓄もあるため負担は少ないと考えられ、そして4日目以後は経済的にも負担の少ない炊き出しや瓦礫撤去等の労働奉仕へと移行することになります。

大震災の場合、被災者は発災後から3日間、自助と公助による備蓄はなくなるため、この間は地域の被災していない方々の食糧と物資の共助と隣接避難所間共助で頑張れば、4日目以後は自衛隊による公助や遠方からの救援物資の共助が始まります。地域の被災していない方々は、共助として3日目までは食糧や物資の支援に頑張り、4日目以後は経済的にも負担の少ない炊き出しや瓦礫撤去等の労働支援に移行することになります。

表１－１　通常の震災時の自助、共助、公助の時系列的展開

<table>
<tr><th colspan="2">震災前</th><th>1～3日目</th><th>仮設住宅入居前
(4日目～6か月)</th><th>仮設住宅入居後</th></tr>
<tr><td colspan="2">自助：備蓄</td><td>備蓄による生活</td><td>—</td><td>—</td></tr>
<tr><td colspan="2" rowspan="2">共助：—</td><td rowspan="2">近助（食糧、物資）
隣接避難所間共助</td><td>近助
(労働奉仕)</td><td>近助
(時々労働奉仕)</td></tr>
<tr><td>遠助（救援物資、ボランティア）</td><td>遠助
(ボランティア)</td></tr>
<tr><td rowspan="2">公助</td><td>場所</td><td>避難所</td><td>避難所</td><td>仮設住宅</td></tr>
<tr><td>備蓄等食糧</td><td>備蓄による生活</td><td>自衛隊による支援
(＊)</td><td>被災者の状況による</td></tr>
</table>

＊「自衛隊による支援」とは、被災した自治体が被災していない自治体から食糧・物資を集めて、自衛隊が運搬・炊き出しを行うこと。

表１－２　大震災時の自助、共助、公助の時系列的展開

<table>
<tr><th colspan="2">震災前</th><th>1～3日目</th><th>仮設住宅入居前
(4日目～6か月)</th><th>仮設住宅入居後</th></tr>
<tr><td colspan="2">自助：備蓄</td><td>—</td><td>—</td><td>—</td></tr>
<tr><td colspan="2" rowspan="2">共助：—</td><td rowspan="2">近助（食糧、物資）
隣接避難所間共助</td><td>近助
(労働奉仕)</td><td>近助
(時々労働奉仕)</td></tr>
<tr><td>遠助（救援物資、ボランティア）</td><td>遠助
(ボランティア)</td></tr>
<tr><td rowspan="2">公助</td><td>場所</td><td>避難所</td><td>避難所</td><td>仮設住宅</td></tr>
<tr><td>備蓄等食糧</td><td>—</td><td>自衛隊による支援
(＊)</td><td>被災者の状況による</td></tr>
</table>

＊「自衛隊による支援」とは、被災した自治体が被災していない自治体から食糧・物資を集めて、自衛隊が運搬・炊き出しを行うこと。

概ね、このような流れをイメージすると共助の心構えが明確になります。
これにより、自助と共助と公助がバランス良く機能する社会が創造できると思います。

4　コミュニティ意識の向上　地縁活動の活性化

大船渡市の例では、被災者が地域コミュニティの支援を受けるために、婦人部が一丸となってお願いに行くなど、日常的な自治会活動が機能しました。これも自治会単位で集まったという避難所の規模による要素もあると思われ、避難所環境は自治会活動が機能しやすい適正な規模であることが望ましいと思います。

しかし、避難所の規模も大きな要因と思われますが、共助が機能するための基本は地域におけるコミュニティ意識の問題です。

内閣府では、平成26年度の防災白書で、「共助による地域防災力の強化」として共助の特集を行いました。平成25年度に調査した結果によれば、地域コミュニティでは、「一般的な地域活動（地縁活動）を行っているもののほうが、防災活動を実施している割合が高いことがわかる。ここから、一般的な地域活動（地縁活動）と防災活動の関係は深くなっており、一般的な地域活動（地縁活動）の活性化が、防災活動の活性化につながり、それが地域防災力の強化にもつながる」と報告しています。

地域の自主防災組織の問題点を聞くと、なかなか地域の防災力が向上しない、若い人が集まらないという声が多くの自治会で聞かれます。若い人は残業で時間をとられ、なかなか地域の力にはなり得ていない現状があります。

しかし、今回の、被災者へのヒアリングを通じて、共助がうまく行かなかった地域の被災者が感じたのは、地域コミュニティにおけるつながり、絆そして共助意識の足りなさでした。「やっぱりこうか」、「裏切られた」という思いもあったようです。

このような状況は改善されなければなりません。

これまで、防災活動と地縁活動は別次元のものとして捉えられてきました。しかし、これからは別物として捉えるのではなく、コミュニティの成長のためにトータルに捉えて行くべきです。

これからの我が国の課題として、共助が息づく社会を創造してくためには、地縁活動の活性化が重要な役割を占めています。そのため、地縁活動が地域コミュニティの共助意識を育てることに繋がると位置付けて活性化を図るべきと思います。

具体的に実施している自治会も多いと思いますが、新年会での餅つき大会や夏の盆踊りなどを地道に継続して行くこと、このような活動が防災意識の向上に寄与し、共助の意識を育むと位置付け積極的に実施していきたいと思います。そのような努力を継続する中で、若い方々も取り込むなどの努力を続けていくことが重要と思います。

そして、このような地縁活動の単位が、避難所の単位と重なっていると良いと思います。また大きな避難所でいくつかの町会が混合する場合は、混合する避難所単位でのイベントや防災訓練も有効と思います。

新年の餅つき大会

5 被災者の扱い

今回のヒアリングを通じて、どの地域に行っても共通して聞かれたことは、「避難所に収容されていないと被災者扱いをされず、物資を受け取れなかった」ということでした。実家に泊まったばかりに、あるいは親戚の家からの好意に頼ったばかりに、支援物資の配給を受けることが出来なかったということです。

行政にヒアリングをすると、避難所にいた方ばかりではなく、それ以外の方々でも物資の配給の列に並んだ方々には配給するようにしたとの説明を聞きますが、被災者からは断られたという声ばかりが聞こえてきました。

そのため、多くの方々が、避難所に避難した人イコール被災者という受け止め方をされたようです。

しかし、災害救助法はそのように規定しているわけではなく、そのように解釈されるべきものでもありません。これは、災害救助法に対する誤解がもたらしたものです。

おそらく行政が被災者かどうかを判断する場合、発災直後の混乱期に、被災者一人ひとりの家を調査しに行く時間的余裕もなく、避難所にいる方なら問題なく被災者と決めたこともあると思われます。また直後ばかりではなく、ある程度時間が経過しても、行政は被災者対応に追われ、なかなか調査は手につかなかったと思われます。

そして、被災していない方々も支援を受ける列に並んでいるという声も聞かれる中で、支援物資の量に限界があり、判断が避難所にいる方なら大丈夫という方向に傾いた可能性もあります。このようなことも、発災直後の混乱期で行政が機能しないということの一側面です。

今回の東日本大震災では、避難所に避難した以外の方は断られたという印象が強かったのですが、このような出来事も解消して行きたい課題です。

物資の量に限界がある中で、発災直後の混乱期の3日間は、並んだ人には全員提供できるように物資を増やすことが課題です。そのためにも、共助の持つ意味は大きいと思います。

そして、宮古市のJさんの報告にあったように「市役所の言うことを聞いて…誰にも迷惑をかけないようにした人が一番困った」というような感想を持たれたということも解消しなければならない課題です。

6　避難所は大規模型から小規模分散型へ

通常、避難所には、学校の体育館や市民会館等の大規模施設が指定されています。今回の例で見た大船渡市のような例は都市では少ないと思われます。これは、大震災時における大量の避難者が想定されているからですが、これからの避難所システムは小規模分散型が望まれます。

地域の地縁活動を支援するためにも、コミュニティセンターが建設されていますが、そのようなコミュニティセンター等も避難所に指定したい施設です。しかし必ずしもそのような訳には行きません。たまたま、大船渡市でヒアリングした地域では、コミュニティセンターが避難所でした。

避難所としてコミュニティセンターが良いのは、今まで見てきたように、数百人や千数百人という大所帯で複数の町会を抱えているのではなく、1つあるいは2つの自治会単位という小さなまとまりの100人程度の人数で避難所を構成出来るからです。大所帯となると、避難所の運営に小回りが利かなくなります。

発災直後や緊急時の対応、そして隣接避難所間で調整する時など、いわゆる小回りの利く運営が求められる場合には、2～3人のリーダーで決めるほうが決めやすいわけです。そのように考えると、避難所は、日常的な町会単位というのが適正規模と思われ、そのようなまとまりとしての適性規模を考慮するべきということと思います。

大船渡市のケースではそのような小回りの良さから、隣接避難所間の情報交換、食糧や物資の調整が行われ、リーダーはリーダーシップを発揮できました。そして、お互いに知っている者同士のほうが避難所も落ち着きます。各個人のヒアリングでも、同じ部落同士なので良かった、これがいくつかの部落で構成されていたならどうなったのかと、懸念をする声もありました。

緊急時こそ、その場その場で的確にそして迅速に判断し対応して行くことが求められます。

大量の避難者を収容するために大規模避難所は必要ですが、これからは、徐々に地域のコミュニティの中心施設を避難所に指定することが求められます。

1つの自治会で1つの避難所ということは理想ですが、いくつかの自治会で構成される場合でも、日常のコミュニティ活動の延長の避難所であれば、施設に対する親しみと、違う自治会の方々でも顔を合わせている機会も多く、緊急時の避難所として運営しやすい避難所となります。そのため、避難所は、大規模型から、日常のコミュニティ活動の延長となるような小規模分散型にシステムを変えていくことが望まれます。

7　避難所に厨房設備とプロパン、そして他の設備も

避難所には小学校や中学校そして体育館等が指定されています。そのような避難所の問題の1つは食事です。しかし、ヒアリングでも見て来たように、小学校や中学校においては、たとえ厨房設備があったとしても、これらの設備は避難者のための設備ではないとして使用を許されなかったという声が聞かれました。

現在のように、管理重視の社会であれば、このようなことはなんとなく想像できることでは

あります。このような社会では、管理責任という責任が重く心を縛り、融通をつけるということが出来ない状況に陥ります。このようなことが今回の大震災のような緊急事態でも見られました。

避難所の食事として、最初はおにぎりが出ました。しかし、そのおにぎりは避難所以外の場所でつくられたため、冷たかったという状況もありました。運ぶうちに冷たくなったのでしょうが、雪が降った寒い時に、冷たいおにぎりは無いよりは良いがなかなか食べられなかった、そして子供たちは冷たいとも言わずに食べたということも聞かれました。

学校の厨房設備は使えなかった一方で、避難所がコミュニティセンターだったところの厨房設備は使えました。それにより、避難した初日からその場でつくる暖かい食事が食べられました。厨房設備があれば、米の支援さえあれば暖かい食事が出来ます。そして暖かい味噌汁が出来ます。これがいかに避難者の気持ちを安定させるでしょうか。そしてその暖かさが伝わり癒され救われた気持にもなります。

これからの避難所は、大規模型から小規模分散型へと転換することが望まれますが、それとともに、厨房設備も使えるようにしたいものです。そのため、避難所として指定している学校や他の施設での厨房設備は、避難所として使われる時には、緊急時対応として使えるようにし、また厨房設備が無いところでは可能な限り厨房設備を設置するようにしたいと思います。

そして、プロパンガスを設置したい。プロパンガスがあれば停電時でも暖かい食事をつくることが可能です。災害時の備えとして避難所にはプロパンガスも義務付けたいと思います。

そして、体育館にはシャワーがあり使わせて欲しいとお願いしたが、これも避難者用ではないとして使わせられなかった状況もありました。入浴は、1か月後に自衛隊がテントのお風呂を設置してからだったそうですが、自衛隊が入浴支援を開始したのを見て、体育館がシャワーを使わせてくれたということでした。体育館側も避難者を見ていたたまれなかったようですが、最初から管理者の融通をきかせた配慮が望まれた出来事です。

体育館や市民会館以外は、運動をする施設ではなくシャワーも不要で、要望しても設置を見送られると思われますが、避難所として指定される施設の場合、簡易なシャワーを設置する等の配慮があれば安心と思います。

実際被災して、うちの自治体では融通が利かないと被災者に悶々とされるより、被災時には使えるというようにしておいたほうが良いと思います。

第４章　応急仮設住宅までの避難生活のために

前章では、東日本大震後の被災者へのヒアリングを基に、共助という視点から、これからの我が国の震災対策に必要と思われることをまとめました。

しかし、ヒアリングでは避難生活の状況についても多くのことが語られ、それを前章のようにまとめただけでは拾いきれないところもあったため、ここでは、新たに章立てをして、避難生活について、いくつかのことを取り上げることにしました。

特に、第2章の個々人の体験談でいろいろと語られているように、避難所での出来事は、こんなことがあるのだろうかと思われるような出来事も多くありました。

震災後の東北の方々の忍耐強い姿がマスコミで報道され、国際的にも賞賛される中で、このような負の出来事も我が国の一断面であり、語られた方々は是非伝えて欲しいと思い話したことです。そのためまとめておくことにしました。

一方、第2章でも見たように、避難所以外の実家や親戚の家に避難した方々も必ずしも良かったという状況でもありませんでした。

ここでは、避難所から悲劇を少しでも少なくし、避難所以外の実家や親戚の家に避難した方々も含めて、避難生活が穏やかで健康的に、かつお互いに支え合って過ごすことができるように、今回のヒアリングからいくつかのことを取り上げて、これまでの章で触れなかったものについて触れておきたいと思います。

1　卒業式等の紅白の幕やカーテンの利用

避難所に避難した時、場合によっては、初日は食事を食べられないかも知れないという思いも頭をよぎります。そして、1日ぐらいは食べられなくても良いと思うでしょうし、子供も1日ぐらいは良いと思うと思います。しかし、初日の食事は食べなくても良いとしても、寒さには限界があります。そして、凍死もあったと聞きます。特に、子供や高齢者には厳しい状況だろうと思います。

そのように食事は良いとして考えると、自衛隊が支援に来るまでの数日間で最も必要なのは冬期の寝具です。それが春から秋ならまだ良いでしょうが、今回の東日本大震災の発生した日のように雪が降る状況では、たとえ避難所が建物の中とはいえ夜は厳しい寒さが待っています。

特に、コンクリートで囲まれた避難所の部屋は寒くて床は冷たいです。

そして、停電で暖房はなく、ましてや避難所には体力的に弱い高齢者や子供達もいます。

そして、どこを探しても備蓄の毛布が無く、また、期待した地域からの支援も無く、床にゴロ寝したという体験談も聞いたように、そのような状況が東日本大震災での避難所で見られました。二度と経験したくない出来事です。

寒さを凌ぐための身をくるむものが無いと分かった時、身体を包むことのできるカーテンや学校で使う紅白の横断幕は貴重です。

東日本大震災でも、厳しい寒さから子供達を守ろうとしてカーテンや横断幕を破って使った避難所もありました。

せっかく津波から逃れて生きて避難所に来たのに、寒くて凍死するようでは避難所の意味をなしません。避難所の要件として毛布は揃えるべきですが、もし、毛布の備蓄が無いと分かった時、カーテンや横断幕などは身体を守るために積極的に利用するべきです。

ためらうことなく利用しましょう。

2 様々な人が避難しているため、配慮と思いやりが必要

避難所には、全員が無事だった家族もいれば、大切な人を失った家族も避難しています。あるいは両親を失った子供たちも避難しています。そのようないろいろな条件の方々が混然一体となって同じ屋根の下に避難し過ごしているのが避難所です。

そのため、想定外の大震災にもかかわらず「家族全員で助かった！」と言って喜ぶ家族もあれば、助かったとはいえ家族を失い悲しみのあまりとても喜ぶ状況ではない方々もいます。このように状況の違う家族が、一緒になって背中越しに暮しています。

大人ならまだ感情を抑えられると思いますが、幼い子供達は感情を抑えられません。母親を亡くした子供達は、夜になると寂しくなり「お母さーん！」と言って泣いたそうです。これがあちこちから聞こえてくる。そのような状況で同じ部屋にいると、これは本当につらいことだろうと思います。

このような状況が避難所の実態です。そして、特に避難した初期の頃は、悲劇に遭ったばかりで、思いが感情的に現れます。突然に失われた大切な人への思いはそう簡単に断ち切れるも

のではありません。

避難所で生活するためには、このような状況を理解した上での生活が求められます。いうならば、助かったからと言ってとても喜ぶ状況ではない方々とも一緒に生活しており、その方々への配慮が必要になります。

悲しみと苦しみを地域の方々で背負うこと、そして、子供達へ話しかけたり励ましなど、地域の方々でお互いを支えあうこと、そのような思いやりが求められます。

精神的な喪失感が漂うなかで、このような場を支えてくれる方々の存在が求められます。地域における被災者間の支え合いが求められる時です。

助かり自らの身の安全が確認されたなら、次は支える側にまわるように努めましょう。

3　認知症の方、災害時要援護者は地域で支える

今回のヒアリングでは、Ｃさんから痴呆の老夫婦の悲劇をお伺いしました。悲劇になった原因は奥様が認知症で対応策がとれなかったことです。そのため、避難所を転々とすることが迷惑をかけるとして、ご主人が奥様に手をかけ、結局自らも自死することになりました。

せっかく津波から助かったのに、避難所環境が老夫婦を死に追いやってしまうことになりました。今回の問題は、このような認知症を罹った方に対する対応策を地域で考えていなかったことです。

このような悲劇に対する教訓は、地域でお互いに助け合うことが必要ということです。被災後の混乱した状況では、普段なら仕事として働いている介護の専門家もかけつけられず十分に働ける状況ではないと思います。そのため、このような問題も地域の方々で背負わなければならない問題です。

身体の弱い高齢者や障害のある方、そして子供達のような災害時要援護者への対策は、声を掛け合い見守り、地域で支えて行くことで乗り越えて行かなければなりません。しかし、一般的な災害時要援護者に対してはまだ対応できるかも知れませんが、認知症対策は、専門家による対応も必要です。

だからといって、災害時にすぐに専門家が来てくれるとは限りません。そのため、平常時から、地域での災害対策プログラムの中に、認知症対策を学び訓練するように位置付けることが必要です。十分な対応は出来ないとしても、少なくとも対応策としての知識を共有しておくことが必要です。

最低でも目を離さずに、そばに同伴するなどして、決して認知症の方や災害時要援護者を孤立化させてはなりません。そして、そのような方を抱える家族の方々を支えてあげることも重要な対策です。

4　リーダーは独断とならないように複数とする

大勢の方々が集まる避難所では予想外の出来事が発生します。Dさんの体験談に、飲料水が欲しい時期に、割り当てられた水を、リーダーが避難者に配布せずに本部に返したという話がありました。

病気で医者から水をとりなさいと言われていた夫のためにDさんが懇願し、夫の水はなんとか頂いたが、あとの方はいただけなかったというお話です。

幸いにも、その避難所では脱水症状や病気になった方はいなかったようですが、飲料水や食糧が少なく苦しい時期に、どうしてこのような状況が起きるのだろうかと思わせる悲しい出来事です。本部から「どうして返すんですか」「配ってください」と言われたそうですが、とうとう水は配られなかったということです。

さらに疑問は、そのようなリーダーが1人いただけで、どうして他の方々がそれに従ってしまうのだろうか、ということです。

水も無く、最低でも飲料水が欲しいと支援を求めている時に、行政を通じて届けられた支援を断るというリーダーの態度。そして、そのようなリーダーに対して、避難者は何も言えなかったそうです。結局、水は返されてしまったそうですが、避難者は、陰で「何で配らないんだ」とジグジグ言ったということですが、本人に面と向かっては言えなかったそうです。

このような状況を聞くと、東北人とはこのような方々だったのか、救援物資をいただくために、混乱もなく並び海外のメディアからも賞賛された姿は何だったんだろうか、日常の町会活動はどうなっているのだろうかと思わせるような出来事です。

事態に対応するそのような疑問もありますが、結論は、リーダーが1人の場合、このようにリーダーの独断で避難者が健康を損ねる場合があるということです。リーダーは地域の避難者の生命や健康をも預かっています。そして、地域の避難者の声を反映するのがリーダーの役割です。

このようなことが二度と発生しないために、例えばリーダーは最低3人というように複数人の合議制と決めて対応することが必要です。

5　避難所は気が楽

避難所は知らない方々も大勢いるし、プライバシーもなく生活環境がままなりません。可能であれば避難所より実家や親戚の家で暮らしたい。そのように考える人も多いと思います。

実際、避難生活を実家や親戚の家で送る人も多く、一般的に、このような方々は避難所で生活する方々に比べ、幸せだと考えられています。

そして、避難所の収容力の問題もあり、行政は、出来るだけ頼れるところがあったらそちらに避難するようにと勧めています。

実際にAさんのように、実家の農家に避難して良かったという声も聞きました。しかし、食糧の多い農家ならばともかく、必ずしも実家や親戚の家が農家ではない場合も多いです。

そのような場合、必ずしも実家や親戚の家に避難して良かったというわけではなかったようです。身を寄せる実家や親戚の家にかける負担が大きいからです。そのため、「気にしなくてもいいですよ」と言われても避難者はお世話になりながら、そのようなことを気にします。

Dさんは、気兼ねして親戚の家を転々としました。それは、かける負担を気にし、そして親戚の姿勢からそのようなことを感じ取ったからです。

そして一度は避難しその後出た避難所の高校にもう一度戻って来た時、ホッとしたとのことです。そこで、避難所で良いと心を決めたというお話で、気持ちが楽になったということでした。

避難所より、実家や親戚の家が良さそうに見えますが、必ずしもそうではありません。

行政は、避難所に収容する人数が少なくなるように親戚等の家を勧めますが、必ずしもそうはいかない方々も多いと思います。避難所は実家や親戚に負担をかけないという意味では、気が楽な場所です。気になるならば、覚悟を決めて、避難所生活を送りましょう。

6　避難者間の連帯

大規模避難所の場合、人間関係は希薄にならざるを得ません。大船渡市の例で見たように、集落単位の避難所ならば、人間関係を気にすることも少ないと思いますが、大規模避難所の場合は大変です。なかなか避難所で一体となって前向きに活動することも出来にくい状況です。

Eさんの例では、孫に対するインフルエンザへの感染症対策として始めた清掃が良かったようです。清掃を始めたら徐々に協力する人が出てきた。そして次はラジオ体操を始めた。これが、避難所としてのまとまりや人間関係を安定させるうえで良かったというお話でした。

　このような活動を通じて、避難者間の人間関係が構築され連帯感が出来て行くことになりました。集まっている避難者は多くの物を失い、苦しい状況です。そのような苦しみは、同じような苦しみを持った方々で共有することにより癒され精神的にも楽になります。避難所生活は決して楽しいものではありませんが、心労を少なくするために、お互いの連帯感の果たす役割は大きいものがあります。

　苦しい時こそ求められるのがお互いの絆です。Ｐさんは、実家や親戚から「みんなどこでも待ってるから」と声をかけられたそうですが、途中から避難所に入ることに決めました。それで部落の被災した仲間と一緒に食事をつくるなど同じ体験を共有することになりました。そして、そのことが楽しくて良かったと語っています。

　苦境を変えるのが連帯感です。仲間と一緒！という連帯感は代えがたい体験となったそうです。

　避難所で避難生活を送るために必要なことは、積極的に連帯感を作り出すことです。連帯感でお互いの心労が癒されます。声をかけあうことが大事です。

7　情報は避難所で

大震災後、必要なものは情報です。

すぐに必要な情報は安否情報で、その後、被災者支援に関する情報や行政の方針、そして応急仮設住宅の建設、入居情報など、必要な情報は刻々変化します。そのように必要な情報ですが、東日本大震災では、実家や親戚の家に避難した方々には情報が十分には伝わらなかったという話をよく聞きました。

宮古市のＪさんの体験は、そのことをよく物語っています。避難所に避難しなかったために、安否情報に取り扱っていただけませんでした。新聞にも掲載されなかったために、自分で貼り紙をしたということですが、こういうことも解決されなければならない問題です。

その反面、避難所に来たら情報があって良かったという話もありました。

行政も被災者がどのようなところでどのような暮らしをしているのか把握するには時間がかかります。そのため、情報は避難所中心にならざるを得ません。

そして情報は、落ち着くまでは毎日のように変化し更新されます。そのため、実家や親戚の家に避難していると、新しい情報から孤立してしまいます。そのような情報からの孤立対策としては、毎日避難所に足を運び積極的に情報を得ることです。もちろん市役所でも良いです。

気仙沼市のAさんのように、実家が農家で、不自由なく身を寄せることができた方は少ない方ではないかと思います。多少情報から孤立しても、応急仮設住宅への入居まで安心して暮らせれば問題はないと思われます。

しかし、多くの方がそのような環境にはないと思われます。落ち着いて安定的に情報が提供されるようになるまでは、行政からの情報の提供を待つのではなく、自らの足で情報を手に入れる努力をすることが大切です。

8　ボランティア対策

被災後しばらくすると、被災した家の片付けや清掃、そのような作業のためにボランティアが欲しい状況になります。

しかし、大船渡市のFさんの体験談にあるように、被災者がボランティアを必要としているにもかかわらず、ボランティアセンターでは殺到したボランティアをさばけず支援を断ったこともありました。そしてボランティアセンターにお願いしても断られ、そのため、自分でボランティアを探したということでした。

被災者にとって必要なボランティアも、コーディネートしてくれる人がいないために、行政を通じて来てもらうまでは時間がかかり、なかなか当てにはできないという事態に陥ります。

結局のところ、ボランティアが必要な場合、自分で探すしか方法がない状況になります。しかし、自分で探せと言われても、社会福祉協議会やボランティアセンターを通しても無理なのに、なかなか出来ることではありません。

従って、個人的に貼り紙をするか、人づてで探すかネットで訴え探すことになります。しかし、個人で募集することは結構大変です。そのため、そのようにボランティアを自分で募集する場合、個人で募集するよりも、グループで募集するほうが良いです。

同じように、ボランティアをして欲しい方々を探し、一緒に募集するほうが良いですし、お互いに複数の人が関わると安心です。

他方、ボランティアも1軒の家のみでは個人的作業に終わり、ボランティアの意欲の問題もあります。

ボランティアを必要としている方は大勢いるはずです。そのため、ボランティアを必要としている方々が、数人から十数人のグループとしてまとまり、必要なボランティアを募集することが良いと思います。

9　避難所から応急仮設住宅へ引っ越す時の配慮

応急仮設住宅に当選した、やっと避難所から抜けることが出来る。苦しい避難所生活を考えると、応急仮設住宅は天国と言われています。従って当選した時の喜びは大きいです。

しかし、この喜びが全員に行き渡るには時間がかかります。その時間差が大きいと、それは感情に左右します。顕著な例が、初期の応急仮設住宅に入居する時です。応急仮設住宅が建設され始めてまだ完成した棟数が少ない時期に、倍率も高く応募した皆さんがなかなか当選せずにいる時に、幸いにも当選する。

当選した人にとっては大きな喜びです。

皆、避難所生活に疲れ、避難所から早く抜け出したい時期に、そして自分のプライベートで安息できる空間が欲しい時に、1家族だけ当選すると、避難所から抜けることの大変さを味わったというお話がありました。

Dさんからは、１００人残っていた中で1家族だけ当選して、その後意地悪を受けたという体験談も聞かされました。

応急仮設住宅が、早く同時期に建設されればそのような問題は発生しないのでしょうが、これは行政に要望しても無理なことです。

応急仮設住宅は、何回かに分けて建設されます。従って入居時期に差が出てきます。そして、避難所生活が長く続き、心身に負担が蓄積する中で、なかなか当選しない方々は、当選された方を見て、素直に他人の喜びを喜べない状況にもなります。

早いうちに応急仮設住宅に当選したとしても、自分が喜んだ分当選せず残されて、避難所生活がまだ続く方々がいることを忘れないようにしましょう。

おわりに

共助を機能させ信頼性を回復させる

助けたいという思いはあるが、被災しなかった方が、何故自らの食糧や毛布を提供しなかったのか、なぜ共助が機能しなかったのか。

そのようなことを考えると、被災者の苦しみはわかるがいつまで助ければ良いのだろう、一度助けるとズルズルと助けを求められるのではないか、例えば、次はトイレを貸して欲しい、その次はお風呂を貸して欲しい等々…、そのような思いが脳裏にあったと思われます。

そして、今はまだ良いが、やがてスーパーでも食糧が無くなり、自分達も買い物難民になる、その時どうすれば良いのか。

そのような思いが交錯する中で、被災者が支援を求めて来ても、電気を消して居留守を装う、ドアを締めてしまうというような行動に繋がってしまったと思われます。

このような対応に対して被災者の受け止めは、「やっぱりそうか」「人間はこういうものだ」です。

都市化が進み人間関係が希薄になってくると助け合いといっても振り向く人も少なくなりま

す。助けたいと思っていても大震災のように規模が大きくなると、個人の裁量を超えます。

そして際限なく助け続けなければならないのかとも思います。

このように考えると、食糧の蓄えのある農家で見られたように、親戚や縁者は引き取ってなんとか助けようというのが限度と思われます。

親戚に頼ろうと思ったが、親戚の家でも気兼ねして点々とした、そして最終的に心を決めて避難所に来てホッとしたという感想もありました。これが現実です。

社会の在り方が見直される中で、人間から裏切られたという思い、コミュニティから裏切られたという思いは心に深く刻まれ、人間不信に繋がります。

人間の絆が感じられるのは助け合いがあってこそです。助けたいという思いと一緒に、国が助けてくれるという国に対する信頼、社会や世界に対する信頼、そして人間に対する信頼は、このような災害時にこそ発揮され機能されなければなりません。

そのためには、指針やルールが必要です。

問題なのは、一度助けると次から次へと際限が無くなると思い込むことです。この思い込みが、共助が機能することを阻みます。

ヒアリングでは、自衛隊が支援に来てくれて助かったという声が多く、やはり公助が動き出すまでが節目です。

そこで、自衛隊が4日目には来たという声に聞かれるように、「国は4日目には必ず支援に駆けつけます。その後は大丈夫です」、そして「この3日間に費やした食糧や物資は補償します」と国が保証するならば、3日間は食糧や毛布を被災者に提供しようという共助が機能すると思います。

「3日間は備蓄による自助」と言われますが、4日目から公助が来るという保証が無いのです。第3章でも見たように、災害対策基本法では、公助が「遅滞なく」であり、「いつまでに」という期限が無いのです。そのため、「4日目からの公助」を保証して、「3日間は食糧と物資の自助」から「3日間は食糧と物資の自助・共助」への転換を提案させていただきました。

そして、自衛隊が来る4日目以降の被災者支援は、炊き出し等による作業の支援に移行する、このような被災者支援の在り方が描けます。つまり国の方針を明確にすることによって、共助を機能させる。このようなことが必要と思います。

こうして国に対する信頼を回復する。それは社会や世界に対する信頼、人間に対する信頼の回復につながります。そのようにして共助が息づく社会を創造して行きたいと願います。

ルールをつくって共助を息づかせる。そのため本のタイトルを「新たな共助社会の創造」とさせていただきました。

そして、これまでは明確なイメージの無かった「共助」を明確にし、第3章では「自助」と「共助」と「公助」の時系列的展開を提案させていただきましたが、被災地において「自助」と「共助」と「公助」がバランス良く有機的に機能する社会が創造されることを願います。

今回の試みでは、以上のような指針を導き出しました。

ヒアリングを始めてからいろいろなお話をお伺いし、やっとここまでまとめることができました。ここで記された報告は被災者の全体像でもなく、ごく一部のことと思われます。しかし、今回導かれた指針がこれからの「共助社会」の在り方を探る上で参考になることを願います。

感謝に代えて

今回のヒアリングでは多くのことを気付かせていただきました。

読者の皆様には、その一端を理解していただけたと思いますが、特に気仙沼市で行なったグループヒアリングで、今までに無かった体験をしました。被災者の方々と私自身がお互いに響き合い、単に共感したというだけに留まらず、一つの環になったという感覚でした。

このように響きあうヒアリングをしたのは初めてでした。言葉ではうまく言い表せませんが、悲しみを背負った被災地でもこういう響き合いが出来るのだと思いました。このような体験は二度とないのではないかと思い感謝の思いも溢れ、忘れられない出来事になりました。

ヒアリング後、皆さんの声は無駄にはしません、何とかしてまとめますと話してきましたが、当初予定していた出版社とは途中で話が立ち消えになるなど、思い立ってから相当時間が経過してしまいました。

グループヒアリングは、月刊の「近代消防」に連載したこともあり、この度、近代消防社さんから出版していただけることになりました。

皆さまの声を本にまとめましたと言って、ヒアリングをした方々が応急仮設住宅にいるうちに届けたいと思っていましたが、結果的に回り道となり、叶わなかったのが心残りです。

出版に当たっては、近代消防社の中村豊編集長、そして石井政男氏に大変お世話になりました。そしてまとめるに当たってコメントをいただいた、早稲田大学特命教授・東京大学名誉教授の伊藤滋氏、トータルライフ総合事務局代表の久水宏之氏には感謝の意を表します。

2018年2月　三船康道

《参考文献》

1）三船康道「より良い共助社会を創造するために（その1）」近代消防2014・10、近代消防社
2）三船康道「より良い共助社会を創造するために（その2）」近代消防2014・11、近代消防社
3）三船康道「より良い共助社会を創造するために（その3）」近代消防2015・1、近代消防社
4）三船康道「より良い共助社会を創造するために（その4）」近代消防2015・2、近代消防社
5）「共助による地域防災力の強化」平成26年版防災白書、内閣府

《著者紹介》

三船康道（みふね やすみち）

1949年岩手県生まれ。千葉大学建築学科卒業、東京大学大学院博士課程修了工学博士。技術士（総合技術監理部門・建設部門）、一級建築士。ジェネスプランニング㈱代表取締役。みなとみらい21地区防災計画の作成、スマトラ島沖地震インド洋津波バンダ・アチェ市復興特別防災アドバイザーとして復興計画の作成、その他各地の防災関連の業務を行う。

〔委員等〕地域安全学会理事、日本都市計画協会理事、見附市防災アドバイザー、墨田区災害復興支援組織代表、国際連合日中防災法比較検討委員会委員、新潟工科大学教授等を歴任。

現在、希望郷いわて文化大使、ＮＰＯ法人災害情報センター理事、災害事例研究会代表、東日本大震災の被災地大船渡市の集落への派遣専門家、東京文化資源会議幹事。

〔著書〕「減災と市民ネットワーク」学芸出版社、「東日本大震災からの復興覚書」（共著）万来舍、「災害事例に学ぶ！ 21世紀の安全学」（編著）近代消防社、「安全と再生の都市づくり」（共著）学芸出版社、「地域・地区防災まちづくり」オーム社、「まちづくりキーワード事典・第三版」（編著）学芸出版社、「まちづくりの近未来」（編著）学芸出版社など。

KSS 近代消防新書

015

東日本大震災を教訓とした　新たな共助社会の創造

～国が４日目からの公助を保証すれば共助は機能する～

著　者　三船　康道

2018年3月10日　発行

発行所　近代消防社

発行者　三井　栄志

〒105-0001　東京都港区虎ノ門２丁目９番16号

（日本消防会館内）

読者係（03）3593-1401㈹

http://www.ff-inc.co.jp

ISBN978-4-421-00909-5　C0230

価格はカバーに表示してあります。